AF453286

CATALOGUE

DE LA

BIBLIOTHÈQUE ORIENTALE

DE FEU M. BELIN

ANCIEN CONSUL GÉNÉRAL DE FRANCE A CONSTANTINOPLE

La vente aura lieu

Les lundi 29 et mardi 30 juillet 1878 à sept heures et demie du soir

Rue des Bons-Enfants, 28 (maison Silvestre)

SALLE N° 1, AU PREMIER ÉTAGE

Commissaire-Priseur	*Libraire-Expert*
M° MAURICE DELESTRE	M. ERNEST LEROUX
27, rue Drouot, 27	28, rue Bonaparte, 28

**Livres sur la Turquie
Textes et Manuscrits Arabes, Turcs
et Persans**

PARIS

ERNEST LEROUX, ÉDITEUR

LIBRAIRE DE LA SOCIÉTÉ ASIATIQUE, DE L'ÉCOLE DES LANGUES ORIENTALES, ETC.

28, RUE BONAPARTE, 28

1878

ORDRE DES VACATIONS

Pʀᴇᴍɪᴇʀᴇ ᴠᴀᴄᴀᴛɪᴏɴ. — *Lundi 29 juillet* 1878.

Nᵒˢ 1 à 141.
410 à la fin.

Dᴇᴜxɪᴇᴍᴇ ᴠᴀᴄᴀᴛɪᴏɴ. — *Mardi 30 juillet.*

Nᵒˢ 142 à 409.

Les lots seront vendus à la fin de cette vacation

CONDITIONS DE LA VENTE

La vente se fait expressément au comptant.

Les acquéreurs payeront 5 °/₀ en sus des enchères, applicables aux frais.

Tous les articles sont garantis complets et en bon état, sauf indication contraire.

Les réclamations devront être faites au plus tard dans les vingt-quatre heures après la dernière vacation. Passé ce délai, les articles adjugés ne seront repris pour aucune cause.

Les articles au-dessous de *douze francs* ne seront repris que s'ils sont incomplets.

Il y aura exposition chaque jour de vente, de 2 à 4 heures.

*M. Ernest Leroux, remplira les commissions des personnes
qui ne pourraient assister à la vente.*

BIBLIOTHÈQUE

DE

FEU M. BELIN

ANCIEN CONSUL GÉNÉRAL DE FRANCE

A CONSTANTINOPLE

RELIGIONS

1. La Sainte Bible en hébreu, avec commentaire rabbinique. *Vienne*, 2 vol. in-4, demi-rel.

2. Biblia Sacra Vulgatæ editionis Sixti V pontificis
maximi jussu recognita et Clementis VIII auctoritate
edita. *Lugduni*, 1827, in-8, demi-mar. rouge.

3. Minia, livre de chants religieux en russe, pour tous
les jours du mois de juin. *Moscou*, 1784, in-fol. impr.
rouge et noire; rel. bois et cuir.

   Ce livre liturgique provient de Sébastopol, où il fut pris lors de l'as-
saut du 8 septembre 1855, et offert à M. Belin. La collection comprend
douze volumes pour chacun des douze mois de l'année. Une notice
du donateur, placée en tête du livre, en indique la matière ainsi
que les circonstances au milieu desquelles il passa entre ses mains.

4. Historia Patriarcharum Jacobitarum, a D. Marco
usque ad finem sæculi xiii, cum catalogo sequentium
patriarcharum, etc., accedit epitome historiæ Mahu-
medanæ ad illustrandas res ægyptiacas. *Parisiis*,
1713, in-4, v. vieux.

5. Vansleb (le P. J. M.). — Histoire de l'Église d'Alexan-

drie, fondée par S. Marc, écrite au Caire en 1672 et 1673. *Paris*; 1677, in-12, v. vieux, piqûres.

6. Simonville (de). — Cérémonies et coûtumes qui s'observent aujourd'huy parmy les Juifs, traduites de l'italien. Troisième édition. *Paris*, 1710, deux parties rel. en 1 vol. in-12, v. vieux.

7. Boucher de Courson. — Les libertés de l'Église gallicane, depuis l'établissement du christianisme dans les Gaules. *Paris*, 1826, in-8, br.

8. Guizot. — L'Eglise et la société chrétienne en 1861. *Paris*, 1861, in-8, demi-mar. rouge.

9. Reland. — La religion des mahométans, exposée par leurs propres docteurs, avec des éclaircissemens. Tiré du latin, de M. Reland, et augmenté d'une confession de foi mahométane inédite. *La Haye*, 1721, in-12, v., plusieurs pl. gr.

10. Galland.—Recueil de rits et cérémonies du pèlerinage de la Mecque, auquel on a joint divers écrits relatifs à la religion, aux sciences et aux mœurs des Turcs *Amsterdam* et *Paris*, 1754, in-12, v. vieux, titre mouillé.

11. Garcin de Tassy. — Exposition de la foi musulmane, traduite du turc, de Mohammed Ben-pir-Ali Elberkevi, avec des notes. *Paris*, 1822, in-8, br.

12. Garcin de Tassy. — L'islamisme, d'après le Coran, l'enseignement doctrinal et la pratique. Troisième édition. *Paris*, 1874, in-8, br.

13. Guys (Henri). — Théogonie des Druses, ou abrégé de leur système religieux; traduit de l'arabe, avec le texte. *Paris*, 1863, in-8, br.

14. Nève. — Etude sur les hymnes du Rig-Vêda. *Paris*, 1842, in-8, br.

15. Barthélemy Saint-Hilaire. — Le Bouddha et sa religion. *Paris*, 1860, in-8, demi-mar. vert.

JURISPRUDENCE. — DROIT INTERNATIONAL. ECONOMIE POLITIQUE.

16. Teulet (A. F.). — Les Codes de la République française, contenant la Constitution du 4 novembre 1848 un dictionnaire des termes de droit, etc. Sixième édition. *Paris*, 1850, 1 vol. in-8 compacte, demi-mar bleu.

17. Ortolan. — Explication historique des Instituts de l'empereur Justinien; texte et traduction en regard. Huitième édition. *Paris*, 1870, 3 vol. in-8, br.

18. Mourlon (Frédéric). — Répétitions écrites sur le deuxième examen du Code Napoléon, contenant l'exposé des principes généraux, leurs motifs et la solution des questions théoriques. *Paris*, 1873, neuvième édition, 2 vol. in-8, compactes, br., exempl. fatigué.

19. Dubarle (Léon). — De l'organisation judiciaire en Prusse. *Paris*, 1872, in-8, br.

20. Massé (A. J.). — Le parfait notaire, ou la science des notaires. Sixième et dernière édition. *Paris*, 3 vol. in-4, demi-v. — Au tome III est joint le Code de l'enregistrement, du timbre et des droits de greffe et d'hypothèques.

21. Miltitz (Alexandre de). — Manuel des consuls. *Londres* et *Berlin*, 1837, 2 tomes en 5 vol. in-8, demi-v. antique.

22. Vattel. — Le droit des gens. Nouvelle édition. *Paris* 1835-1838, 3 vol. in-8, demi-bas.

23. Pardessus (J. M.). — Us et coutumes de la mer, ou collection des usages maritimes des peuples de l'antiquité et du moyen âge. *Paris*, 1847, 2 vol. in-4, br.

24. Wallon (H.). — De l'esclavage dans les colonies. — Histoire de l'esclavage dans l'antiquité. *Paris*, 1847 3 vol. in-8, demi-mar. Lavallière (rare)

25. Biot (Edouard). — De l'abolition de l'esclavage ancien en Occident. *Paris*, 1840, in-8, demi-mar. brun.

26. **Sautayra (E.) et Charleville.** — Code rabbinique Eben Haezer, traduit par extraits, avec les explications des docteurs juifs. *Paris* et *Alger*, 1868 et 1869, 2 vol. in-8, br.

27. **Perron.** — Précis de jurisprudence musulmane, ou principes de législation musulmane selon le rite mâlékite, par Khalîl Ibn-Ishâk. Vol. III, IV, V et VI. *Paris*, 1849 à 1852, 4 vol. gr. in-8, demi-mar. brun.

28. **Sidi Khalil.** — Précis de jurisprudence musulmane, suivant le rite malékite. Deuxième tirage. *Paris*, 1858, in-8, demi-mar. v., mouillures.

29. **Eschbach.** — Le droit musulman exposé d'après les sources, par M. Nicolas de Tornauld, traduit en français. *Paris*, 1860. in-8, demi-bas.

30. **Querry (A.).** — Droit musulman. Recueil de lois concernant les musulmans schyites. *Paris*, 1871 et 1872, 2 vol. gr. in-8, br.

31. **Aristarchi Bey.** — Législation ottomane, ou Recueil des lois, ordonnances, traités, capitulations, etc. de l'empire ottoman. Parties I, III et IV. *Constantinople*, 1873-1875, 3 vol. in-8, br.
Manque II.

32. **Worms.** — De la constitution territoriale des pays musulmans. *Paris*, 1842. — Pharaon et Dulau. — Législations orientales. Première partie: Droit musulman (complet). *Paris*, 1839; le tout rel. en 1 vol. in-8. demi-bas.

33. Code de commerce de l'empire turc. *Constantinople*, Imprimerie impériale, 1850, in-8, cart.

34. Tarif des douanes turques, arrêté le 5 décembre 1861, précédé du traité de commerce conclu entre la France et la Turquie en 1860. *Constantinople*, 1862, in-8, demi-mar. bleu.

35. Essai historique sur le commerce et la navigation de la mer Noire. *Paris*, 1805, in-8, v., carte.

36. **Lemonidi (Alexandre).** — Du commerce de la Turchie. *Constantinople*, 1849, in-8, demi-rel., pl.

37. Loi constitutive du département formé sous le nom

de Vilayet du Danube. *Constantinople*, 1865, in-4, broch.

38. Projets de Codes civil, pénal, de commerce, de procédure civile et commerciale, de commerce maritime, et d'instruction criminelle. *Alexandrie*, 1871, 6 br. in-4.

39. Mas Latrie (L. de).— Traités de paix et de commerce et documents divers concernant les relations des chrétiens avec les Arabes de l'Afrique septentrionale au moyen âge. *Paris*, 1868, in-4, br., fatigué; suivi du supplément et des tables. *Paris*, 1872, in-4, br.

40. Testa (le baron J. de).— Recueil des traités de la Porte ottomane avec les puissances étrangères. Première partie : France. *Paris*, 1864, 65 et 66, 3 vol. (l'Appendice formant le troisième) in-8, br.

41. Féraud-Giraud (L. J. D.).— De la juridiction française dans les Échelles du Levant et de Barbarie. Deuxième édition, *Paris*, 1866, 2 vol. in-8, br.

42. Eynaud (Albert).— Exposé pratique de la procédure civile française dans les Échelles du Levant. *Paris*, 1875, in-12, br.

LINGUISTIQUE EUROPÉENNE

43. Littré (E.).— Histoire de la langue française. *Paris*, 1863, 2 vol. in-8, demi-mar. bleu.

44. Landais (Napoléon). — Grammaire général des grammaires françaises. Sixième édition : *Paris*, 1850, 1 vol. in-4, demi-v.

45. Landais (Napoléon). — Dictionnaire général et grammatical des dictionnaires français. Onzième édition, *Paris*, 1851, 2 vol. in-4, demi-v.

46. Montaigne.— Essais. *Paris*, *Didot*, in-4 à 2 col. br., portr.

47. Montesquieu.— Œuvres complètes, avec les notes de tous les commentateurs. *Paris*, 1839, 2 vol. in-8, demi -bas. rouge.

48. Grammaire française avec la traduction grecque en regard, à l'usage des écoles. *Constantinople*, 1864, in-8, cart.

49. Motte (de la).— L'Iliade, poëme, avec un discours sur Homère, traduction en vers français. *Paris*, 1720, in-12, v. vieux.

LINGUISTIQUE ORIENTALE.

GÉNÉRALITÉS

50. Journal asiatique, années : 1822, avril, rel. ; 1823, avril ; 1824, extrait de mars ; avril ; 1825, mars ; avril ; 1827, octobre ; rel. en 1 vol. ;— 1828, 2 vol. rel. ;— 1828, mai ; décembre ; novembre ; 1829, mai ; 1830 mai, en livraisons ; — 1832 (moins janvier), 2 vol. rel. ; — 1836 à 1867 inclusiv., rel. compl. en 64 vol. — 1868, 1er semestre, rel., 2e sem. en livr. — 1869 à 1876 inclusiv. compl. ; 1877, janvier. — Annexe à 1860, juin-juillet, br.

Les volumes sont reliés en demi-bas.,

51. Krehl (Prof. Dr. Ludolf).— Zeitschrift der Deutschen morgenlaendischen Gesellschaft. XXIV Band, n°ˢ 1, 2 3 et 4 ; XXV band, n°ˢ 1, 2 et 4 ; formant 5 fascicules in-8, avec pl. *Leipzig*, 1870, br.

52. Wissenschaftlicher Jahresbericht, von Dʳ *Rich. Gosche*. Heft 1. *Leipzig*, 1871, in-8, br.

53. Dugat (G.). — Histoire des orientalistes de l'Europe du XIIᵉ au XIXᵉ siècle. *Paris*, 1868 et 1870, 2 vol. in-12, br.

54. Müller (Max).— Nouvelles leçons sur la science du langage, cours professé en 1863. Trad. de l'anglais par *Harris* et *Perrot*, tome I : Phonétique et étymologie. *Paris*, 1867, in-8, br.

55. Renan (Ernest).— Histoire générale et système comparé des langues sémitiques. Histoire générale des langues sémitiques, seconde édition. *Paris*, 1858, in-8 demi-mar. rouge.

56. Bopp (F.).— Grammaire comparée des langues indo-

européennes, traduite par Michel Bréal. *Paris*, 1866-72, 4 vol. gr. in-8, br.

57. Volney (C. F.). — L'alphabet européen appliqué aux langues asiatiques. *Paris*, 1819, in-8, pl. br., non coupé.

58. Marcel (J. J.). — Les vœux de la France, ou traduction du *Domine salvum fac regem* en soixante et dix idiomes et caractères différents. Seconde édit. *Paris*, 1846, in-8, papier tricolore, portrait du roi Louis-Philippe, demi-rel.

59. Letellier (L.-Victor). — Vocabulaire oriental quintiglotte, français, italien, arabe, turc et grec. *Paris*, 1838, in-8, obl, demi-v.

60. Gyarmathi (Samuele). — Affinitas linguæ hungaricæ cum linguis fennicæ originis grammatice demonstrata. Necnon Vocabularia dialectorum tataricarum et slavicarum cum hungarica comparata. *Gottingæ*, 1799, in-8, demi-bas.

61. Galland (A.). — Les paroles remarquables, les bons mots et les maximes des Orientaux. *Paris*, 1694, in-12, v.

62. Cardonne. — Mélanges de littérature orientale, traduits de différents manuscrits turcs, arabes et persans de la Bibliothèque du roi. *Paris*, 1770, 2 tomes en 1 vol. in-12, v.

63. Dijeon. — Nouveaux contes turcs et arabes, précédés d'un abrégé chronologique de l'histoire de la maison ottomane et du gouvernement de l'Egypte. *Paris*, 1781, 2 vol. in-12, v.

64. Sacy (Silvestre de). — Mélanges de littérature orientale, précédés de l'éloge de l'auteur, par M. le duc de Broglie. *Paris*, in-8, portrait lithog.; demi-m. violet.

65. Defrémery (C.). — Mémoires d'histoire orientale, suivis de mélanges de critique, de philologie et de géographie. *Paris*, 1854 et 1862, 2 vol, in-8, demi-bas. rouge.

66. Garcin de Tassy. — Rhétorique et prosodie des langues de l'Orient musulman. Seconde édition. *Paris*, 1873, in-8, br.

67. Garcin de Tassy. — Mélanges comprenant : les Fem-

mes poëtes dans l'Inde (1854) ; — Note sur le Ru-
bâ'iyat de 'Omar Khaïyâm (1857) ; — Le Bostan de
Saadi, analyse et extraits (1859) ; — cinq discours.
Paris, rel. en 1 vol. in-8, demi-bas.

68. Marcel (J. J.). — Notice historique et biographique,
par A. Taillefer. *Paris*, 1854. — Ode arabe sur la
conquête de l'Egypte. *Paris*, 1830. — Souvenir de
quelques amis d'Egypte. *Paris*, 1834. — Les vœux de
la France. *Paris*, 1846. Le tout en 1 vol. in-8, pl. gr.,
portrait ; demi-bas.

69. S. de Sacy. — Catalogue de sa bibliothèque. *Paris*,
1842-47, 3 vol. in-8, demi-r.

70. Catalogue des livres composant la bibliothèque de feu
M. J. J. Marcel, précédé d'un discours et d'une notice
nécrologique sur le même, par M. Belin. *Paris*, 1854
et 1856, 1 vol. in-8, demi-bas.

ARABE

71. Silvestre de Sacy. — Grammaire arabe. Seconde édit.
Paris, 1831, 2 vol. in-8, demi-v. vert. (Bel exemplaire).

Chrestomathie arabe. Seconde édit. *Paris*, 1826-27,
3 vol. in-8, demi-v. vert (Bel exemplaire).

Anthologie arabe. *Paris*, 1829, in-8, d. v, vert.
Ces trois ouvrages sont en belle reliure uniforme.

72. Caussin de Perceval. — Grammaire arabe vulgaire
pour les dialectes d'Orient et de Barbarie. *Paris*,
1833, in-8, demi-v.

73. Hébert (A. E.). — Rudiments de la langue arabe de
Thomas Erpénius, traduits en français et accompa-
gnés de notes et d'un supplément. *Paris*, 1844,
in-8, br.

74. Bresnier. — Cours pratique et théorique de langue
arabe, accompagné d'un traité du langage arabe usuel.
Alger, 1855, in-8, frontisp. en or et couleurs, br.

75. Grammatica arabica ad normam vernaculornm exa-
rata sacerdote congregationis missionis auctore. *Lute-
tiæ P.*, 1872, in-8, cart.

76. Dugat (G.). — Grammaire française à l'usage des Arabes de l'Algérie, de Tunis, du Maroc, de l'Egypte et de la Syrie. *Paris*, 1854, in-8, br.

77. Meninski (Franc. a Mesgnien). — Lexicon arabico-persico-turcicum , nunc secundis curis recognitum et auctum. *Viennæ*, 1780, 4 vol. in-fol. v., recouverts d'une enveloppe en toile, exempl. bien conservé.

78. Freytag (G. Wilhelm). — Lexicon arabico-latinum, accedit index vocum latinarum locupletissimus. *Halis Saxonum*, 1830 à 1837, 4 tomes rel. en 2 vol. in-4, demi-v., recouverts d'une enveloppe en toile.

79 Marcel (J. J.). — Vocabulaire français-arabe des dialectes vulgaires africains, d'Alger, de Tunis, de Maroc et d'Egypte. *Paris*, 1837, in-8, demi-bas.

80. Dozy (R. P. A.). — Dictionnaire détaillé des noms des vêtements chez les Arabes. *Amsterdam*, 1845, in-8, demi-v.

81. Pihan (A. P.). — Glossaire des mots français tirés de l'arabe, du persan et du turc, *Paris*, 1847, in-8, demi-rel.

82, Manuel de conversation en français et en arabe, *Beyrouth*, 1873. pet. in-16, demi-rel.

83. Pihan (A. P.). — Exposé des signes de numération usités chez les peuples orientaux anciens et modernes. *Paris*, 1800, in-8, demi-bas. bleue.

84. Marcel (J. J.). — Palæographie arabe, ou recueil de mémoires sur différents monuments lapidaires, numismatiques, glyptiques et manuscrits. *Paris*, 1828, 1 vol. in-fol., les pl., sont remplacées par des calques soignés, cart.

85. Delaporte (J. D.). — Spécimen de la langue berbère. *S. l. n. d.*, in-fol., br.

86. Flügel (Gust.). — Corani textus arabicus. Seconde édition. *Lipsiæ*, 1841, in-4, cart , titres et encadrements rouges.

87. Flügel (Gust.).—Concordantiæ Corani arabicæ. *Lipsiæ*, 1841, in-4, cart.

88. Calila et Dimna, ou Fables de Bidpaï, en arabe et en français, par S. de Sacy. *Paris*, 1816, in-4, d. v.

89. Dugat (Gustave). — Le livre d'Abd-el-Kader, intitulé : Rappel à l'intelligent, avis à l'indifférent, traduit sur le mss original. *Paris*, 1858, in-8, br.

90. Contes du Cheyk-el-Mohdy, trad. de l'arabe, par
J. J. Marcel. *Paris*, 1832-33, 3 vol. in-8, d. v. fig.
Portrait à la plume de Marcel, ajouté.

91. Marcel (J. J.). — Notice historique, littéraire et
critique sur Loqman. (Extrait du journal la *Décade
égyptienne*, in-4, cart.

TURC

92. Jaubert (P. Amédée). — Eléments de la grammaire
turke, à l'usage des élèves de l'école des langues
orientales. *Paris*, 1833, in-8, demi-v., pl., deuxième
édition.

93. Redhouse (James W.) — Grammaire raisonnée de la
langue ottomane. *Paris*, 1846, 1 vol. in-8, rel. en
mar. bleu avec fil. et tr. dor., bel exempl. portant
une note de M. Belin indiquant la part prise par lui
dans la publication de cet ouvrage.

94. Abrégé de grammaire turque à l'usage des élèves
du collége royal de Bébek. *Constantinople*, 1846,
in-8, impression rouge et noire, demi-bas.

95. Sinan (P. J.). — Abrégé de grammaire turque. Nouvelle édition. *Constantinople*, 1854, in-12, demi-
bas., impr. rouge et noire.

96. Abuska. — Csagatajtorok Szogyüjtemény. Grammaire turke orientale par Vambéry. *Pesth*, 1862, in-8,
demi-mar. brun.

97. Nédjib. — Grammaire élémentaire de la langue ottomane. *Constantinople*, 1870, in-8, perc., tr. et ornements dor.

98. Bianchi. — Le Guide de la conversation en français
et en turc. *Paris*, 1839, in-8 oblong, toile.

99. Bianchi — Le nouveau guide de la conversation en
français et en turc. Seconde édition. *Paris*, 1852, in-8,
oblong, demi-bas.

100. Dialogues turcs-français de Viguier, publiés par
Mallouf. *Smyrne*, 1854, in-8 oblong, br.

101. Bianchi. — Dictionnaire français-turc et turc-fran-
çais. Seconde édition. *Paris*, 1843-50, 4 vol. in-8, demi-
bas. ; additions à la plume, de la main de M. Belin.

102. Lexique français-turc de 6000 mots, à l'usage des
écoles. *Constantinople*, 1865, in-4, br.

103. Véliaminof-Zernof (de). — Dictionnaire djagha-
taï-turc. *Saint-Pétersbourg*, 1869, in-8, br.

104. Pavet de Courteille.— Dictionnaire turc-oriental. *Paris*, 1870, gr. in-8, br.

105. Schlechta-Wssehrd (O. de). — Manuel termino-
logique français-ottoman. *Vienne*, 1870, in-8, br.

LANGUES DIVERSES

106. Gesenius (Guill.). — Lexicon manuale hebraicum
et chaldaicum in Veteris Testamenti libros. Deuxième
édition, *Lipsiæ*, 1847, gr. in-8, demi-perc. noire.

107. Clermont-Ganneau.— La stèle de Dhiban ou stèle
de Mesa, roi de Moab. Lettres à M. le comte de Vogüé.
Paris, 1870, pl., in-4, br.

108. Vogüé (le comte de). — Stèle de Yehawmelek, roi
de Gebal. *Paris*, 1875, in-4, pl., br.

109. Thilorier (A.). — Examen critique des principaux
groupes hiéroglyphiques. *Paris*, 1832, in-4, br.

110. Quatremère (Etienne). — Recherches critiques et
historiques sur la langue et la littérature de l'Egypte.
Paris, 1808, in-8, demi-bas.

111. Nicolas (J. B.). — Dialogues persans-français ac-
compagnés de notes grammaticales. *Paris*, 1857, in-8,
br.

112. Semelet (N.). — Le parterre de fleurs du cheikh
Moslih-Eddin-Sàdi de Chiraz. Texte autographié.
Paris, 1828, in-4, v.

113. Semelet. — Gulistan, ou le parterre de fleurs du
cheikh Moslih-Eddin-Sadi de Chiraz, traduit littéra-

lement avec des notes. *Paris*, 1834, in-4, demi - v., mouillures.

114. Garcin de Tassy. — Les oiseaux et les fleurs, allégories morales d'Azz-eddin Elmocaddessi, publiées en arabe, avec une traduction et des notes. *Paris*, 1821, in-8 demi-bas.

115. Garcin de Tassy. — Mantic Uttair, ou le langage des oiseaux, poëme de philosophie religieuse par Farid-Uddin Attar, publié en persan. *Paris*, 1857. — Le langage des oiseaux. *Paris*, 1836 (extrait de la *Revue contemporaine*), rel. en 1 vol. in-8, demi-bas.

116. Garcin de Tassy. — Mantic Uttaïr, ou le langage des oiseaux, poëme de philosophie religieuse, traduit du persan de Farid-Uddin-Attar. *Paris*, 1863, in-8, demi-chag. vert.

117. Pharmacopæa persica ex idiomate persico in latinum conversa. *Lutetiæ-Parisiorum*, 1861, in-8, v. vieux.

118. Sédillot. — Prolégomènes des tables astronomiques d'Oloug-beg, publiés avec notes et variantes et précédés d'une introduction. *Paris*, 1847, 1 vol. in-8, pl., demi-bas.

119. Schmidt (I. J.). — Mongolisch-Deutsch-Russisches Woerterbuch. *Saint-Pétersbourg*, 1835, in-4, demi-mar. brun.

120. Langlès (L.). — Alphabet mandchou, rédigé d'après le syllabaire et le dictionnaire universel de cette langue. *Paris*, 1807, in-8, br.

HISTOIRE D'EUROPE

FRANCE

121. Anquetil. — Histoire de France, continuée par Fayot. *Paris*, 1829 à 1831, 46 vol. in-12, br. (*Bibliothèque économique*), fig.

122. Guizot. — Histoire des origines du gouvernement représentatif et des institutions politiques de l'Europe, depuis la chute de l'empire romain jusqu'au xive siècle. *Paris*, 1857, 2 vol. in-12, demi-mar. rouge.

123. **Guizot.** — Cours d'histoire moderne. Histoire générale de la civilisation en Europe depuis la chute de
l'empire romain jusqu'à la Révolution française.
Bruxelles, 1835, in-12, demi-bas.

124. **Wailly (Natalis de).** — Œuvres de Jean, sire de
Joinville, comprenant l'Histoire de saint Louis, le
Credo et la Lettre à Louis X, avec un texte rapproché
du français moderne en regard. *Paris*, 1867, gr. in-8,
frontisp. en or et couleurs, pl., br., papier vergé.

125. **Boutaric (Edgard).** — Saint Louis et Alphonse de
Poitiers. *Paris*, 1870, in-8, br.

126. **Riant (le comte).** — Innocent III, Philippe de
Souabe et Boniface de Montferrat. *Paris*, 1875, in-8,
broch.

127. **Boutaric (Edgard).** — Institutions militaires de la
France avant les armées permanentes. *Paris*, 1863,
in-8, br.

128. **Rey (E. G.).** — Les familles d'outre-mer de Du
Cange. *Paris*, 1869, in-4, cart.
  Fait partie de la collection des Documents inédits sur l'histoire de
  France.

129. **Brigands (les) de 1793**, ou Histoire véritable des
crimes et atrocités commis par les divers scélérats
élevés au pouvoir sous le règne de la Terreur, avec
des récits curieux de leurs festins et orgies. *Paris*,
1835, 2 vol. in-8, cart. demi-toile.

130. **Malet (le chev. de).** — Recherches politiques et
historiques qui prouvent l'existence d'une secte révo-
lutionnaire, dévoilant entièrement l'unique cause de
la Révolution française. *Paris*, 1817, in-8, br.

131. **Henry (V. B.).** — Histoire de l'abbaye de Saint-
Germain d'Auxerre. *Auxerre*, 1853, 1 vol. in-8, pl.,
broch.

132. **Monographie de l'insigne basilique de Saint-Satur-
nin.** *Paris* et *Toulouse*, 1854, in-8, pl., br.

133. **Comartin (Octave).** — Recherches sur l'église et le
village de Groslay, précédées d'une étude sur l'histoire et la sépulture de saint Eugène. *Paris*, 1865,
in-8, pl., cartes, photographies, perc. rouge ornée du
tougra et des armes de France, tr. dor.

134. **Noël (Octave).** — Histoire de la ville de Poissy, depuis ses origines jusqu'à nos jours. *Poissy*, 1869, in-8, pl. gr., br.

VENISE

135. **Alberi (Eugenio).** — Le relazioni degli ambasciatori veneti al senato, durante il secolo decimosesto. *Firenze*, 1839 à 1863, 3 séries et supplément, formant 15 vol. in-8. br.

136. **Baschet (Armand).** — Les archives de Venise. Histoire de la chancellerie secrète. *Paris*, 1870, in-8, br.

RUSSIE

137. **Olai Magni, Gothi archiepisc.** Upsalensis gentium septentrionalium historiæ breviarium. *Lugd. Bat.*, 1652, pet. in-12, frontisp. gr., 630 pp., parch.

138. **Respublica Moscoviæ et urbes.** Accedunt quædam latine nunquam antehac edita. *Lugduni Batavorum*, 1630, pet. in-18, parch.

139. **Religion (la) ancienne et moderne des Moscovites.** *Cologne*, 1698, in-12, fig., v.

140. **Damaze de Raymond.** — Tableau historique, géographique, militaire et moral de l'empire de Russie. *Paris*, 1812, 2 vol. in-8, br.

141. **Castéra (J.).** — Histoire de Catherine II, impératrice de Russie. *Paris*, 1800, 4 vol. in-12, v. fil.

HISTOIRE D'ORIENT

GÉNÉRALITÉS

142. **Art (l') de vérifier les dates des faits historiques,** des chartes, des chroniques et autres anciens monumens depuis la naissance de Notre-Seigneur. Nouvelle édition. *Paris*, 1770, 1 fort vol. in-fol., v. vieux, bel exempl.

143. Herbelot (d'). — Bibliothèque orientale, ou Dictionnaire universel contenant généralement tout ce qui regarde la connaissance des peuples de l'Orient. *Paris*, 1697, 1 vol. in-fol., v. vieux.

144. Klaproth. — Tableaux historiques de l'Asie, depuis la monarchie de Cyrus jusqu'à nos jours. Atlas. *Paris*, 1826, in-fol., demi.-bas; et un vol. de texte, in-4, br.

145. Ohsson (le chev. d'). — Tableau historique de l'Orient, dédié au roi de Suède, par le chevalier *M...D...*, *Paris*, 1804, 2 vol. in-8, 1 pl. gr., v.

146. Reinaud. — Relations politiques et commerciales de l'empire romain avec l'Asie orientale, d'après les témoignages latins, grecs, arabes, persans, indiens et chinois. *Paris*, 1863, in-8, 4 cartes gr., br.

147. Depping (G. B.). — Histoire du commerce entre le Levant et l'Europe, depuis les croisades jusqu'à la fondation des colonies d'Amérique. *Paris*, 1830, 2 vol. in-8, br.

148. Charrière (E.). — Négociations de la France dans le Levant au xvie siècle. Formant partie de la collection des documents inédits sur l'histoire de France. *Paris*, 1848 à 1860, 4 vol. in-4, les deux premiers br., fatigués, les deux derniers cart., quelques taches d'eau.

149. Vertot (l'abbé de). — Histoire des chevaliers de Saint-Jean de Jérusalem, appelés depuis chevaliers de Rhodes, et aujourd'hui chevaliers de Malte. *Amsterdam*, 1732, 5 vol. in-12, cartes, pl. gr., v. vieux (Une des cartes est déchirée.)

150. Kausler (E. H.). — Les livres des assises et des usages dou reaume de Jérusalem. Vol. I. *Stuttgardiæ*,1839, in-4, frontisp. en couleurs, demi-bas.

151. Michaud et Poujoulat. — Correspondance d'Orient, 1830-1831. *Paris*, 1833 à 1835, 7 vol. in-8, cartes, br.

152. Univers pittoresque. — Égypte ancienne. — Histoire d'Egypte. — Tunis. — Palestine. — Perse. — Afrique. — Turquie. 8 vol. in-8, reliés et brochés.

ARABES

130. 153. Caussin de Perceval. — Essai sur l'histoire des Arabes avant l'islamisme. *Paris*, 1847-48, 3 vol. in-8, demi-v. fauve, tableaux. (Rare).

154. Noël des Vergers. — Vie de Mohammed, texte arabe d'Aboulféda!, accompagné d'une traduction française et de notes. *Paris*, 1837, in-8, demi-v., bel exempl.

155. Delaporte (P. H.). — Vie de Mahomet, d'après le Coran et les historiens arabes. *Paris*, 1874, in-8, br.

156. Reinaud. — Notice sur Mahomet. *Paris*, 1860, in-8, demi-rel.

157. Vies des hommes illustres de l'islamisme, en arabe, par Ibn Khallikan, publié par Mac Guckin de Slane. Tome I. *Paris*, 1842, in-4, demi-bas., 791 pp.

158. Histoire universelle, depuis le commencement du monde jusqu'à présent, composée en anglois par une société de gens de lettres. Traduction française. — Vol I, comprenant la vie de Mahomet et l'histoire du Khalifat d'Abou-Bekr. *Paris*, 1782, in-8 de 600 pp. cartes, pl. gr., v.

159. Ockley (Simon). — Histoire des Sarrasins, contenant leurs premières conquêtes et ce qu'ils ont fait de plus remarquable sous les onze premiers khalifes. Trad. de l'anglois, *Paris*, 1748, 2 vol. in-12, v.

160. Reinaud (M. l'abbé). — Extraits des historiens arabes, faisant partie de la bibliographie de l'Histoire des croisades de M. *Michaud*, traduits en partie et revus pour le reste. *Paris*, 1822, in-8, demi-v., raccommodages au titre.

161. Barbier de Meynard. — Maçoudi, les prairies d'or, texte et traduction; tomes I, II, IV, VI, VIII. *Paris*, 1861 à 1874, 5 vol. in-8, Tome I, rel, en demi-mar. rouge, les quatre autres br.

162. Barbier de Meynard. — Ibrahim, fils de Mehdi, fragments historiques. *Paris*, 1869, in-8, br.

163. Quatremère. — Vie du khalife fatimite Moezzli

din-Allah. *Paris*. 1837 ; — Proverbes arabes de Meï-
dani. *Paris*, 1838. — Mémoire sur Kitab-Alagani.
Paris, 1837.— Mémoires sur la dynastie des khalifes
Abbassides. *Paris*, 1837, etc. Le tout rel. en 1 vol.
in-8, demi-bas.

164, Hammer (J. de). — Histoire de l'ordre des Assas-
sins ; ouvrage traduit de l'allemand et augmenté de
pièces justificatives par *J. J. Hellert* et *P. A. de la
Nourais*. *Paris*, 1833, in-8, demi-bas.

165. Histoire des Wahabis, depuis leur origine jusqu'à
la fin de 1809, par *L. A***. *Paris*, 1810, in-8, cart.

166. Quatremère. — Mémoire sur les Nabatéens. *Paris*,
1835.— Mémoire sur Darius le Mède et Balthasar.—
Mémoire sur le sultan Schah-Rokh. — Notice sur la
vie et les ouvrages de Massoudi. *Paris*, 1839. — Notice sur l'ouvrage Moudjmel-Altawarikh, etc. Le tout
en 1 vol. in-8, demi-bas.

167. Sauvaire (Henry). — Histoire de Jérusalem et d'Hé-
bron, depuis Abraham jusqu'à la fin du xv⁰ siècle de
J. C. *Paris*, 1876, in-8, br.

168. Avril (Adolphe d'). — L'Arabie contemporaine,
avec la description du pèlerinage de la Mecque.
Paris, 1868, in-8, gr. carte, br.

EGYPTE

169. Quatremère (Et.) — Mémoires géographiques et
historiques sur l'Egypte et sur quelques contrées voi-
sines ; recueillis et extraits des manuscrits coptes,
arabes, etc., de la Bibliothèque imp. *Paris*, 1811.
2 vol. in-8, v.

170. Champollion le jeune. — L'Egypte sous les Pha-
raons : Description géographique. *Paris*, 1814, 2 vol.
in-8, carte, demi-bas., mouillures.

171. Carlyle (J. D.).—Maured Allatafet Jemaleddini filii
Togri-Bardii, seu Rerum ægyptiacarum annales, ab
anno Christi 971 usque ad annum 1453. *Cantabri-
giæ*, 1792, 1 vol. in-4, texte, traduction et notes, cart.

172. Makrizi. — Histoire des sultans mamlouks de

l'Egypte, trad. par Quatremère. *Paris*, 1837-40, t. I
en 2 vol. in-4, demi-v.

173. Marcel (J. J.) — Histoire de l'Egypte depuis la
conquête des Arabes jusqu'à celle des Français. *Paris*,
1834, in-8, demi-bas. Exempl. orné d'un portrait à la
plume de Marcel, fait par Dutertre.

174. Marcel (J. J.).—Histoire de l'Egypte, depuis la conquête des Arabes jusqu'à l'expédition française. *Paris*,
1846, in-8, 24 pl. gr., br.

175. Desgranges. — Histoire de l'expédition des Français en Egypte, par Nakoula-el-Turk, publiée et traduite, avec des notes. *Paris*, 1839, in-8, br.

176. Desgenettes (R.). — Histoire médicale de l'armée
d'Orient. *Paris*, 1830, in-8, demi-bas., mouillures.

177. Mémoires sur l'Egypte, publiés pendant les campagnes du général Bonaparte, vol. I à IV. *Paris*, 1800
à 1803, 4 vol. in-8, cartes, cart.

178. Hamont (P. N.) — L'Égypte sous Méhémet-Ali.
Paris, 1843, 2 vol. in-8, br.

179. Champollion le jeune. — Lettres écrites d'Egypte
et de Nubie en 1828 et 1829. *Paris*, 1823, in-8, demi-
bas., pl.

180. Lane (Edw. William). — An account of the man-
ners and customs of the modern Egyptians. *London*,
2 vol. in-12, perc., pl., fig.

181. Clot-Bey (A. B.). — Aperçu général sur l'Egypte.
Paris, 1840, 2 vol. in-8, pl. et cartes, cart.

182. Clot-Bey (A.-B.). — De la peste observée en Egypte:
recherches et considérations sur cette maladie. *Paris*,
1840, in-8, demi-bas.

On y a joint une photographie du buste le l'auteur

183. Cazalis de Fondouce, — Recherches sur la géologie
de l'Egypte et le canal de Suez. *Montpellier*, 1868,
in-8, br.

TARTARES ET TURCS

4. Histoire et considération de l'origine, loy et coustume des Tartares, Persiens, Arabes, Turcs et tous
autres Ismaélites ou Muhamediques, dits par nous
Mahometains ou Sarrazins. *Poitiers*, 1560, in-4,
demi-v.

185. Abulghasi Bahadür Chani Historia Mongolorum et
Tartarorum. *Casani*, 1825, in-fol, br.

186. Ohsson (d'). — Histoire des Mongols depuis Tchinguiz-Khan. *Paris*, 1824, deux parties en 1 vol. in-8,
demi-bas.

187. Ohsson (d'). — Histoire des Mongols depuis Tchinguiz-Khan jusqu'à Timour-Bey. *Amsterdam*, 1852,
4 vol. in-8, demi-mar. rouge, carte et pl.

188. Quatremère. — Histoire des Mongols, texte et traduction tome I, une partie en épreuves corrigées à la
main. In-4, demi-toile.

189. Quatremère. — Mémoire sur la vie et les ouvrages
de Raschid-Eldin. Epreuves corrigées à la plume par
l'auteur, suivies du texte arabe et réunies en 1 vol.
in-4, demi-toile.

190. Histoire généalogique des Tatars, traduite du manuscript tartare d'Abulgasi-Bayadur Chan, et enrichie de remarques sur l'estat présent de l'Asie septentrionale. *Leyde*, 1726, in-12, demi-bas, cartes.

191. Langlès (L.). — Instituts politiques et militaires
de Tamerlan, proprement appelé Timour. *Paris*, 1787,
1 vol. in-8, pl. gr. demi-bas.

192. Pétis de la Croix. — Histoire du grand Genghizcan,
premier empereur des anciens Mogols et Tartares,
traduite et compilée de plusieurs auteurs orientaux
et de voyageurs européens. *Paris*, 1710, in-12, v.

193. Pétis de la Croix. — Histoire de Timur-bec, connu
sous le nom du grand Tamerlan, empereur des Mongols et Tartares, écrite en persan par Chereleddin-
Ali et traduite en françois. *Delf*, 1723, 4 vol. in-12,
parch, grav.; cartes.

194. Mirchond's Geschichte der Sultane aus dem Gesch-

lechte Bujeh. persisch und deutsch von F. **Wilken**. *Berlin*, 1835, in-4, demi-v.

195. Mirchondi historia Seldschukidarum persice, ed. J. A. Vuellers. *Gissæ*, 1838, in-8, demi-v.
Texte seul.

196. Defrémery. — Histoire des khans mongols du Turkestan et de la Transoxiane, traduite du persan et annotée. *Paris*, 1853, in-8, demi-bas.

197. Pavet de Courteille. — Mémoires de Baber (Bahir-ed-din-Mohammed), traduits sur le texte djagatai. *Paris*, 1871, 2 vol. in-8, br.

198. Laet (Joannes de). — De imperio Magni Mogolis, sive vera India commentarius. E variis auctoribus congestus. *Lugd. Bat.*, 1631, Elzévir, frontisp. gr. pet. in-18, quelq. mouillures, page 265-66 en partie déchirée, v.

199. Tott (le baron de). — Mémoires sur les Turcs et les Tartares. *Amsterdam*, 1784, 4 parties, rel. en 2 vol. in-18, demi-v.

200. Sansovino (Francesco). — Dell' historia universale, dell' origine ed imperio de Turchi, libri tre. *Venetia*, 1564, trois parties en 1 vol. in-4, v. vieux, fig.

201. Chalcondyle. — Histoire des Turcs, par Chalcondyle, traduite par *Blaise de Vigenere*. *Paris*, 1577, in-4, de près de 800 pp., parch.

202. Burigny (de). — Histoire des révolutions de l'empire de Constantinople, depuis la fondation de cette ville jusqu'à l'an 1453, que les Turcs s'en rendirent maitre. *Paris* 1750, 3 vol. in-12, v.

203. Hammer (J. de). — Histoire de l'empire ottoman, depuis son origine jusqu'à nos jours. *Paris*, 1835-43, 18 vol. in-8, demi-v., et atlas gr. in-4, demi-bas.

204. Critoboulos. — Vie de Mahomet II. *S. l. n. d.* 1 vol. gr. in-8, br.
Monum. Hung. hist., script. XXI. — Deuxième partie.

205. Lesco. — Deorum conventus et Constantinus supplex.—Ada de Montaldo. De Constantinopolitano exci-

dio. — Ubertini Pusculi Constantinopoleos libri IV.
Textes publiés et annotés par *C. Hopf et Ph. Dethier, S. l., ni date.*
extrait des Monum. Hung. Hist., vol. XXII. Première partie, in-8, br.

206. Bartholomæus. — De Turcorum moribus epitome. -
Genevæ, 1629, in-12, v. vieux.

207. Busbecq. — Augerii Gislenii Busbequii. D. Lega-
tionis Turcicæ epistolæ IV. Adjectæ sunt duæ al-
ternæ ejusdem de re militari, etc. Accedit Solimani
Turcorum imper. legatio ad Ferdinandum Rom. Cæs.
Hanoviæ, 1629, in-12, demi-v.

208. Montalban (J. B.). — Turcici imperii status, seu
Discursus varii de rebus Turcorum. *Lugduni Batav.*,
1630, Elzévir, pet. in-18, frontisp. gr., exempl. bien
conservé, rel. parch.

209. Gyllius (P.). — De Constantinopoleos topographia
libri IV. *Lugd. Bat.*, 1632, Elzévir, frontisp. gr.,
pet. in-18, cart.

210. Febvre (Michel). — L'état présent de la Turquie,
où il est traité des vies, mœurs et coutumes des Ottomans et autres peuples de leur empire, divisé par
14 nations qui l'habitent, etc. *Paris*, 1675, in-12,
v. vieux.

211. Ricaut. — L'état présent de l'empire ottoman; de
la traduction du sieur Bespier, sur l'original anglois,
avec les fig. au naturel, le tout enrichi de remarques
curieuses. *Rouen*, 1677, 2 vol. in-12, fig., notes ma-
nuscrites de M. Belin, v.

212. Marsigli (de). — L'état militaire de l'empire ottoman, ses progrès et sa décadence; en italien et en
français. *La Haye*, 1732, 2 part, en 1 vol. in-fol.,
orné de nombr. pl. gr. en taille douce, v.

213. Canon de sultan Suleïman II, représenté à sultan
Mourad IV, pour son instruction, ou état politique et
militaire tiré des archives les plus secrettes des princes
ottomans, et qui servent pour bien gouverner leur
empire, traduit du turc par M. P***. *Paris*, 1725,
in-12, v. vieux.

214. Labat (le R. P. J. B.). — Mémoires du *chevalier
d'Arvieux*, envoyé extraordinaire du roy à la Porte,
consul d'Alep, d'Alger, de Tripoli, etc. *Paris*, 1735,
6 vol. in-12, v. vieux.

215. Chénier (de). — Révolutions de l'empire ottoman, et observations sur ses revers et sur l'état présent de cet empire. *Paris*, 1789, in-8, demi-v.

216. Caussin de Perceval. — Précis historique de la guerre des Turcs contre les Russes, depuis l'année 1769 jusqu'en 1774, tiré des annales de l'historien turc Vassif-Efendi. *Paris*, 1822, in-8, br.

217. Carra.—Histoire de la Moldavie et de la Valachie, avec une dissertation sur l'état actuel de ces deux provinces, par M. C***. *Jassy*, 1777, in-12, demi-v.

218. Toderini (l'abbé). — De la littérature des Turcs ; traduit de l'italieu par M. l'abbé *de Cournaud. Paris*, 1789, 3 vol. in-8, v. vieux, pl.

219. Relation de Dourry-Effendy, ambassadeur de la Porte ottomane, auprès du roi de Perse, traduite du turk et suivie de l'extrait des Voyages de *Pétis de la Croix*, rédigé par lui-même. *Paris*, 1810, in-8, demi-v.

220. Pavet de Courteille. — Histoire de la campagne de Mohacz, par *Kemal Pacha Zadeh*, publiée pour la première fois avec la traduction française et des notes. *Paris*, 1859, in-8, demi-mar. brun,

221. Ciriacy (F. de). — Théâtres de guerre de l'Autriche et de la Russie dans la Turquie d'Europe. *Paris*, 1828, in-8, br.

222. Fonton (Félix). — La Russie dans l'Asie Mineure, ou Campagnes du maréchal Paskévitch en 1828 et 1829 ; et tableau du Caucase. *Paris*, 1840, in-8, titre gr., pl., demi-bas.

223. Cadalvene (de) et E. Barrault. — Deux années de l'histoire d'Orient, 1839-1840. *Paris*, 2 vol. in-8, br., tachés.

224. Ohsson (d'). — Tableau général de l'empire ottoman. *Paris*, 1788 à 1824, 6 tomes en 5 vol. in-8, fig.
Manque le tome VII.

225. Ami Boué. — La Turquie d'Europe. *Paris*, 1840, 4 vol. in-8, demi-v., cart. (Rare.)

226. Collas (B. C.). — La Turquie en 1864. *Paris*, 1864, in-8, br.

227. Turquie (la) à l'exposition universelle de 1867, ouvrage publié par les soins de S. Exc. Salaheddin-Bey. *Paris*, 1867, in-8, br.

228. Ubicini et Pavet de Courteille. — Etat présent de l'empire ottoman. Statistique, gouvernement, administration, finances, armée, etc. *Paris*, 1876, in-8, broch.

229. Annuaires ottomans, 1269 à 1286, en turc; 4 vol. in-12, demi-bas. — Annuaires égyptiens, 1263 à 1266, in-12, demi-bas.

230. Paspati (A. G.). — Etudes sur les Tchinghianès ou bohémiens de l'empire ottoman. *Constantinople*, 1870, in-8, br.

PERSE

231. Barbier de Meynard. — Dictionnaire géographique, historique et littéraire de la Perse et des contrées adjacentes. *Paris*, 1861, gr. in-8, demi-mar. bleu.

232. Defrémery. — Histoire des Samanides, par Mirkhond, texte persan, traduction et notes. *Paris*, 1845, in-8, demi-bas.

233. Barbier de Meynard. — Extraits de la chronique persane d'Hérat, traduits et annotés. *Paris*, 1861 et 1863, in-8, demi-mar. bleu.

234. La Mamye-Clairac. — Histoire de Perse, depuis le commencement de ce siècle. *Paris*, 1750, 3 vol. in-12, v. vieux.

235. Histoire des révolutions de Perse, depuis le commencement de ce siècle jusqu'à la fin du règne de l'usurpateur Aszraff. *Paris*, 1742, 2 vol. in-12, carte, vélin.

236. Histoire de Thamas Kouli-Kan, sophi de Perse. *Amsterdam* et *Leipzig*, 1740 et 1741, 2 parties rel. en 1 vol. in-12, v.

DIVERS

237. Histoire d'Arménie de Jean Catholicos, traduite en français par J. Saint-Martin. *Paris*, 1841, in–8, br. — Histoire d'Arménie, par Arisdaguès de Lasdiverd, trad. par Prudhomme. — Histoire de l'Eglise arménienne orientale. *Paris*, 1855, in-8, br. — Notice sur le chrysobulle octroyé par Léon V, d'Arménie aux Siciliens, par Langlois. *Paris*, in-8, br.

238. Saint-Martin. — Recherches sur l'histoire et la géographie de la Mésène et de la Characène. *Paris*, 1838, in-8, br. — Garcin de Tassy. — Un chapitre de l'histoire de l'Inde musulmane ou chronique de Scher Schah, sultan de Delhi. *Paris*. 1865, in–8, br.

239. Schefer (Ch.). — Histoire de l'Asie centrale (Afghanistan, Boukhara, Khiva et Khoqand), par Mir Abdoul Kérim Boukhary. Traduction française et texte persan. *Faris*, 1876, 2 vol. gr. in-8, carte, br.

240. Souchu de Renefort. — Histoire des Indes orientales. Seconde édition. *La Haye*, 1701, 2 vol. in-12, v. vieux.

241. Rémusat (Abel-). — Histoire de la ville de Khotan, tirée des annales de la Chine, et traduite du chinois. *Paris*, 1820, in–8, demi-bas., mouillures.

242. Huc.—L'Empire chinois, troisième édition. *Paris*, 1857, 2 vol in-12, demi–mar. vert, carte.

GÉOGRAPHIE

GÉNÉRALITÉS

243. Balbi (Adrien). — Atlas ethnographique du globe, ou Classification des peuples anciens et modernes d'après leurs langues. *Paris*, 1826, 1 vol. de tableaux in-fol., rel. en toile; titre dor., fil. — Balbi (Adrien). Abrégé de géographie. Troisième édition. *Paris*, 1844, 1 vol. in-8, 24 cartes et plans, 1360 pp., demi-bas.

244. **Letronne (A.).** — Recherches géographiques et critiques sur le livre De mensura orbis terræ, composé en Irlande par *Dicuil*, au commencement du ixe siècle. *Paris*, 1814, in-8, br.

245. **Hasselquist (Fréd.).** — Voyages dans le Levant, dans les années 1749-50-51-et 52, contenant des observations sur l'histoire naturelle, la médecine, l'agriculture et le commerce, etc., publiés par ordre du roi de Suède, par *Charles Linnæus*, traduit de l'allemand par *M. E. Paris*, 1768, 2 parties en 1 vol. in-12, veau.

246. **Étrennes utiles et nécessaires aux commerçants et voyageurs, ou Indicateur fidèle enseignant toutes les routes de la France.** *Paris*, 1771, petit atlas in-18, composé de plus de 150 cartes topographiques finement gr., v. vieux.

247. **Forster (J. R.).** — Histoire des découvertes et des voyages faits dans le Nord. Trad. en français par M. *Broussonet*. *Paris*, 1788, 2 vol. in-8, 3 cartes, v.

ÉGYPTE ET SYRIE

248. **Reinaud et de Slane.** — Géographie d'Aboulféda. Texte arabe et préface. *Paris*, 1840, in-4, demi-bas.

249. **Edrisi.** — Géographie, trad. de l'arabe par A. Jaubert. *Paris*, 1836-40, 2 vol. in-4, demi-v.

250. **Abd Allatif.** — Relation de l'Egypte, trad. et annoté par Silvestre de Sacy. *Paris*, 1810, in-4, demi-v.

251. **Ibn-Batoutah.** — Voyages. Texte arabe et traduction, par Defrémery et Sanguinetti. *Paris*, 1853-58, 4 vol. in-8, demi-v. et index, in-8, demi-v. Ens. 5 vol.

252. **Cherbonneau.** — Voyage du cheikh Ibn-Batoutah à travers l'Afrique septentrionale et l'Egypte. *Paris*, 1852, in-8, br. — Excursions dans les ruines de Mila, Sufevar, Sila et Sigus, en 1863. *Constantine*, 1868, in-8, 3 pl. gr., br.

253. **Vansleb (le P.).** — Nouvelle relation, en forme de journal, d'un voyage fait en Egypte. *Paris*, 1698, in-12, v. vieux.

254. La Roque (de). — Voyage dans la Palestine, vers le grand Emir, chef des princes arabes du désert, fait par ordre du roi Louis XIV. Avec la description générale de l'Arabie faite par le sultan *Ismael Abulfeda*, traduite en français. *Amsterdam*, 1718, in-12, v., plusieurs pl. gravées.

255. La Roque (de). — Voyage en Syrie et au mont Liban. *Paris*, 1722, 2 vol. in-12, pl. gr., v.

256. Le Mascrier (l'abbé). — Description de l'Egypte contenant plusieurs remarques curieuses sur la géographie ancienne et moderne de ce païs, composée sur les mémoires de *M. de Maillet*. *Paris*, 1735, in-4, v. vieux, portrait, carte, pl.

257. Volney (C. F.). — Voyage en Syrie et en Egypte pendant les années 1783 à 1785. *Paris*, 1787, 2 vol. in-4, br.

258. Mariti (l'abbé). — Voyages dans l'isle de Chypre, la Syrie et la Palestine, avec l'histoire générale du Levant. Trad. de l'italien. *Neuwied*, 1791, 2 vol. in-12, *Paris*, 1798, demi-v., tachés.

259. Savary. — Lettres sur l'Egypte. Nouvelle édition. 3 vol. in-8, cartes, bas.

260. Sonnini (C. S.). — Voyage dans la haute et basse Egypte. *Paris*, 1799, 3 vol. in-8, br., et atlas in-4 de pl. gr.

261. Cadalvene et Breuvery. — L'Egypte et la Nubie, atlas de cartes et pl. lith. et gr. *Paris*, in-fol., une carte déchirée, br.

262. Hornemann (F.). Voyage dans l'Afrique septentrionale, depuis le Caire jusqu'à Mourzouk. Trad. de l'anglais ; suivi d'un mémoire sur les oasis par *Langlès*. *Paris*, 1803, 2 parties en 1 vol. in-8, cartes, demi-bas.

263. Description de l'Égypte, ou recueil des observations et des recherches qui ont été faites en Égypte pendant l'expédition de l'armée française. Seconde édition. *Paris*, 1821 à 1829, 28 vol. in-8, br.

264. Robinson (George). — Travels in Palestine and

Syria. *Paris*, 1837, 2 vol. in-8, ornés de 8 cartes
gr., br.

265. Englishwoman (The) in Egypt; letters from
Cairo, written during a residence there in 1842,3 and
4, with *E. W. Lane*, by his sister. *London*, 1845,
2 tomes rel. en 1 vol. in-12, perc., grav.

266. Gardey (L.). — Voyage du sultan Abd-ul-Aziz de
Stamboul au Caire. *Paris*, 1865, in-8, br.

ARABIE ET PERSE

267. La Roque. — Voyage de l'Arabie heureuse, par l'o-
céan oriental et le détroit de la mer Rouge fait par les
Français, pour la première fois, dans les années 1708,
1709 et 1710; avec la relation d'un voyage à Moka et
un mémoire concernant l'arbre et le fruit du café.
Paris, 1716,in-12, v. vieux, pl., cartes.

268. Niebuhr. — Description de l'Arabie. *Paris*, 1779,
1 vol. in-4, br., pl. gr.

269. Fresnel. — Mélanges comprenant la Notice sur
le voyage de M. de Wrède dans la vallée de Doan; —
le Mémoire sur le Waday (épreuves corrigées à la
plume); — la Notice sur les sources du Nil. — On y a
joint la Notice sur le Cordofan, de *M. d'Escayrac de
Lauture*. *Paris*, rel. en 1 vol. in-8, demi-bas.

270. Burckhardt (J. L.). — Voyages en Arabie, contenant la description des parties du Hedjaz regardées
comme sacrées par les musulmans, suivies de notes
sur les Bédouins et les Wahhabites. *Paris*, 1835, 3 vol.
in-8, demi-bas., pl., cartes. Traduction française de
M. J. B. B. Eyriès.

271. Barbier de Meynard. — Le livre des routes et des
provinces d'Ibn Khordadbeh, texte arabe, traduction
et notes. *Paris*, 1865, in-8, br.

272. Chardin (le chev. Jean). — Journal du voyage en
Perse et aux Indes orientales par la mer Noire et par
la Colchide; qui contient le voyage de Paris à Hispa-
han. *Lyon*, 1687, 2 vol in-12, v., pl. gr., carte.
Plusieurs des planches, portées à la table, manquent.

273. Forster (George). — Voyage du Bengale à Péters-
bourg, à travers le Kachmyr, la Perse, etc.; suivi de
l'histoire des Rohillahs et des Scykes; trad. de l'anglais, par *L. Langlès*. *Paris*, 1802, 3 vol. in-8, cartes,
demi-bas.

274. Jaubert (P. Amédée). — Voyage en Arménie et en
Perse, fait dans les années 1805 et 1806; suivi d'une
notice sur le Ghilan et le Mazenderan. *Paris*. 1821,
1 vol in-8, pl. lithogr., grande carte gr., demi-bas.

275. Karte des Turkischen Reichs in Asien. *Berlin*, 1853,
1 feuille en couleurs, collée sur toile, dans un étui.

TURQUIE ET GRÈCE

276. Avezac (d'). — Note sur une mappemonde turke
du xve siècle, conservée à la bibliothèque de Saint-
Marc, à Venise. *Paris*, 1866. in-8, pl., br.

277. Thévenot (de). — Relation d'un voyage fait au
Levant, dans laquelle il est curieusement traité des
Etats sujets au Grand Seigneur, des mœurs, reli-
gions, forces, etc, des habitants de ce grand empire.
Rouen, 1665, in-4, v. vieux, portrait gravé.

278. Tavernier (J. B,). — Les six voyages de M. Tavernier, en Turquie, en Perse et aux Indes.—Recueil de
plusieurs relations et traits singuliers et curieux de
M. Tavernier (tome V). — Nouvelle relation de l'intérieur du sérail du Grand Seigneur, par M. Tavernier. (Tome VI). *Paris*, nouvelle édition, 1724, 6 vol.
in-12, nombreuses cartes et pl. gr.

279. Kleeman (Nic. Ernest). — Voyage de Vienne à
Belgrade et à Kilianova, dans le pays des Tartars,
Budziacs et Nogaïs, dans la Crimée, et de Kaffa, à
Constantinople; avec le retour à Vienne par Trieste;
fait dans les années 1768 à 1770 : traduit de l'alle-
mand. *Neufchâtel*, 1780, in-8, demi-v.

280, Sestini. — Voyage de Constantinople à Bassora, en
1781, par le Tigre et l'Euphrate, et retour par le
désert et Alexandrie. *Paris*, 1799, in-8, carte, br.

281. Sonnini. — Voyage en Grèce et en Turquie, fait

par ordre de Louis XVI. *Paris*, 1801, 2 vol. in-8 et atlas in-fol. br.

282. Pouqueville (F. C. H. L.). — Voyage en Morée, à Constantinople, en Albanie et dans plusieurs autres parties de l'empire ottoman, pendant les années 1798, 1799, 1800 et 1801. *Paris*, 1805, 3 vol. in-8, v. vieux; cartes, pl., tableaux.

282 *bis*. Dallaway (J.). — Constantinople ancienne et moderne et description des côtes et isles de l'Archipel, traduit de l'anglais, par A. Morellet. *Paris*, an XII, 2 vol. in-8, cart. fig. et pl.

283. Ferrières-Sauvebœuf. — Voyages faits en Turquie, en Perse et en Arabie, depuis 1782 jusqu'en 1789. *Paris*, 1807, 2 vol, in-8, br., tachés.

284. Walsh (R.). — Voyage en Turquie et à Constantinople; traduit de l'anglais, par *Vilmain* et *Rives*. *Paris*, 1828, in-8, pl. lithog., demi-bas.

285. Fontanier (V.). —Voyages en Orient, entrepris par ordre du gouvernement français, de 1821 à 1829. Constantinople, Grèce, événements politiques de 1827 à 1829. *Paris*, 1829, in-8, demi-v.

286. Lejeune (J. M.). — Voyage en Valachie et en Moldavie. *Paris*, 1822, in-8, br.

287. Wilkinson. —Voyage dans la Valachie et la Moldavie. *Paris*, 1831, pl. gr., in-8, br.

288. Carte coloriée de l'empire ottoman, dressée par *Noël* et *Vivien*. *Paris*, une grande feuille collée sur toile et pliée.

289. Pockocke (Richard). — Voyages en Orient, dans l'Egypte, l'Arabie, la Palestine, la Grèce, la Thrace, etc.; trad. de l'anglois. *Paris*, 1772, 6 vol. in-12, cart., mouïllures.

290. Savary.—Lettres sur la Grèce, pour servir de suite à celles sur l'Egypte. *Paris*, 1798, in-8, pl. gr., v.

291. Pouqueville (F. C. H. L.). — Voyage de la Grèce. Deuxième édition. *Paris*, 1826, 6 vol. in-8, cartes, vues, fig., br.

292. Πασπάτης (Α. Γ.). Υπομνημα περι του γραιχιχου νοσοχο-

μειου των επτα πυργων. *Athènes*, 1862, 1 vol. in-8, perc. verte.

293. Perrot (Georges). — L'île de Crète, souvenirs de voyage. *Paris*, 1867, in-8, demi-bas.

DIVERS

294. Hugo (A.). — France pittoresque, ou Description pittoresque, topographique et statistique des départements et colonies de la France. *Paris*, 1835, 3 vol. in-4, nombr. cartes et pl. gr., rel. demi-bas., fatigués.

295. Muller (G. P.). — Voyages et découvertes faites par les Russes le long des côtes de la mer Glaciale et sur l'océan Oriental. Trad. de l'allemand. *Amsterdam*, 1766, 2 vol. in-12, demi-bas., carte.

296. Lettres sur la Crimée, Odessa et la mer d'Azof, en russe et en français. *Moscou*, 1810, in-8, demi-v.

ARCHÉOLOGIE, NUMISMATIQUE

297. Hornstein (Edouard). — Les sépultures devant l'histoire, l'archéologie, la liturgie, le droit ecclésiastique et la législation civile. *Paris*, 1868, in-8, br.

298. Rochette (Raoul). — Antiquités grecques du Bosphore cimmérien, publiées et expliquées. *Paris*, 1822, in-8, pl. gr., demi-mar.

299. Rey (G.). — Etude sur les monuments de l'architecture militaire des croisés en Syrie et dans l'île de Chypre. *Paris*, 1871, 1 vol. in-4, 24 pl. en couleurs, cart.

300. Pautet du Parois. — Nouveau manuel complet du blason, ou Code héraldique. *Paris*, 1854, 1 vol. in-12, 10 pl., demi-mar. rouge.

301. Science (la) des médailles, pour l'instruction de ceux qui commencent à s'appliquer à la connaissance des médailles antiques et modernes. *Paris*, 1692, in-12, v.

302. Barthélémy. — Nouveau manuel complet de nu-

mismatique du moyen âge et moderne. *Paris*, 1 vol. in-12, et atlas format album, demi-mar. rouge.

303. Tychsen (Olai Gerhardi). — Introductio in rem nummariam Muhammedanorum. *Rostochii*, 1794, in-12, demi-bas., 6 pl., grav. sur cuivre, de monnaies et médailles.— Le même, supplément I. *Rostochii*, 1796, in-12, br., 2 pl.

304. Reinaud. — Description des monumens musulmans du cabinet de M. le duc de Blacas. *Paris*, 1828, 2 vol. in-8, demi-v., pl.

305. Catalogue historique des médailles et pièces de monnaie depuis la fondation de la dynastie ottomane jusqu'à l'empereur régnant, formant la collection de P. A. Bilezikdji. Troisième édition. *Constantinople*, 1864, in-4, 12 pp., br.

306. Marcel (J. J.). — Tableau général des monnaies ayant cours en Algérie. *Paris*, 1844, in-4, br., fig.

307. Environ 400 volumes de littérature seront vendus en lots sous ce numéro.

TEXTES ORIENTAUX IMPRIMÉS
EN ORIENT

OUVRAGES TURCS

THÉOLOGIE, JURISPRUDENCE

308. Le Nouveau Testament en turc. *Paris*, 1827, in-4, bas.

309. Mousouât Kebir. — Recueil de Hadits, tradition par le mollah Ali el Qàri *Constantinople*, 1289, in-8, br.

310. Terdjumei Mehl wé Nehal. — Traduction turque de l'ouvrage arabe Mehl wé Nehal (traditions.) *Boulaq*, 1263, gr. in-8, cart.

311. Commentaire du Mesnevi par le cheikh Ismaïl d'Ancyre. *Constantinople*, 1284, in-12, cart.

312. Tsemerat el Fouàr. — Commentaire turc du Mesnevi par Abd Allah Effendi. *Constantinople*, 1288, in-8, demi-rel.

313. Efhiaz el. djebrout fi terdjumei Esrar el Malikout. — Traité religieux. *Constantinople, 1275,* in-8, rel.

314. Gundjiné Houkmet. — Le trésor de la sagesse, ouvrage moral composé en 1217 et imprimé en 1257 au Seraskierat à Constantinople. In-8, cart.

315. Mahazar. — (L'Eau tranquille) traduit de l'arabe en turc par Mehemed Mourad. Ouvrage religieux et moral. *Boulaq*, 1254, in-4, reliure orientale.

316. Terdjumei Nehafat el Ans. — Les Haleines de la familiarité. Traité de théologie des Sofis. *Constantinople*, 1270, in-4, reliure orientale.

317. Chams el haqiqet. — Le soleil de la vérité, traité théologique et de jurisprudence par Hodja Ishaq Effendi. *Constantinople*, 1278, gr. in-8, cart.

318. Cherhi Melkoufat. — Commentaire de la jurisprudence sur les biens waqoufs. *Constantinople*, 1256, 2 vol. in-fol., reliure orientale.

319. Destour Nameh. — Recueil de pièces émanées de la Porte, dont la première est le Hatti Humayoun de Gul-Hané. *Constantinople*, 1279, in-4, bas.

320. Destour. — Recueil officiel qui débute par le Hatti cherif de Gul Hané. *Constantinople*, 1282-93, 2 vol. gr. in-8, demi-rel.

321. — Le même, 2 vol. in-8, br.

322. Recueil de lois et règlements relatifs à la Réforme (Tanzimat), quelques-uns avec traduction française. *Constantinople*, 1283, in-4, demi-rel.

323. Kouanin Ali Osman. — Les canons de l'empire ottoman réunis en 1018 par Aly Effendi. In-12, demi-v.

324. Recueil de 17 capitulations avec les puissances européennes. *Constantinople*, 1285, gr. in-8, cart,

LITTÉRATURE

325. Eléments de grammaire turque, en turc. Lithog. _
Constantinople, in-8. br.

326. Petite grammaire persane en turc. Constantinople
1293, in-8, autogr., br.

327. Loghât Osmaniè, dictionnaire turc, en turc. Constantinople, 1281, gr. in-8 à 3 col. ; demi-rel.

328. El-Dourer, el-Mentehebat, el-Mentsouré-fi-Aslah,
el-Gouletât el-Mechouré. Dictionnaire turc ; les mots
expliqués sont rangés alphabétiquement en marge.
Constantinople, 1225, in-4, reliure orientale.

329. Ahmed Vefik Pacha. Lehdjéi Osmanié. Dictionnaire de la langue turque, en turc. Constantinople,
1293, 2 vol. in-8, perc.

L'auteur de cet excellent ouvrage est un des écrivains contemporains
les plus distingués de la Turquie.

330. Le Kamous, trad. en turc, vol. I et III. 2 vol. in-
folio, rel. orientale.

331. Terdjumeï Burhan Qathy. Dictionnaire persan
(traduit en turc), par Ahmed Emin-Effendi. Constantinople, 1210, 2 vol. in-folio, reliure orientale.

332. Vehby Tohfei. Le présent de Vehby, poëme didac-
tique où les mots et les idiotismes de la langue persane sont expliqués en vers turcs, avec un important
commentaire par Ahmed el Haïat. Constantinople,
gr. in-8, reliure orientale.

333. Manuel de conversation persan-turc. In-4 obl. autogr., cart.

334. Manuel de lecture des divers caractères employés
dans les manuscrits turcs. Constantinople, 1284,
in-8, br.

335. Hadiqât el-Djouamà. Le jardin des recueils, par
Hussein-Effendi. Constantinople, 1231. 2 tom. en
1 vol. gr. in-8, demi-rel.

336. Sefinet ech-Châr. Recueil de poésies turques (quel-
ques-unes arabes). Constantinople, 1259. in-4, cart.

337. Muntekhabat Evliya Tchelebi. Morceaux choisis d'Evliya Tchelebi. *Constantinople*, in-8, bas.

338. Nevadiri Suheily.— Recueil d'anecdotes historiques par Suheily Efendy. *Constantinople*, 1256 (1840), in-4, rel. orient.

339. Menchat el-Hadji-Akif Effendi. — Œuvres choisies d'Akif Effendi (prose et vers). *Constantinople*, 1262, in-8, rel. orient.

340. Kitab Mahboub el Qouloub lil–emir Ali-Schir Nevaï. Les délices des cœurs par l'émir Ali-Chir Nevaï. *Constantinople*, 1279, in-12, cart.

341. Divan Gulchen Efhuar Wasif Enderouni. Recueil des poésies de Wasif Enderouni. Imprim. en caractères ta' liq., gr. in-8, rel. orient.

342. Divan Pertev. —Le Divan de Pertev Pacha, ancien ministre de l'intérieur du sultan Mahmoud. *Boulaq*, 1253, in-8, cart., caractères ta' liq.

343. Le Humayoun Nameh (livre impérial), traduction turque des fables de Bidpay (Anvary-Soheily), par Amdi–Tchelebi. *Boulaq*, 1254, in-4, cart.

344. Les colliers d'or de Zamakschari, traduits en turc pa Saïd et Deheni. *Constantinople*, 1290, gr. in-8, br.

345. Athvâq el zeheb el Zamakschari. Les colliers d'or de Zamakschari. *Constantinople*, 1289, in-12, cart.

Le texte arabe de cet ouvrage vient d'être publié avec une traduction et des notes, par M. Barbier de Meynard.

346. Soudi Effendi. — Commentaire turc du Gulistan de Sadi, par Soudi Effendi. *Constantinople*, 1249 (1833), in-folio, rel. orient.

347. Doudou Nameh, contes du perroquet traduit du persan par Sary Abdoullah. *Boulaq*, 1254, gr. in-8, cart.

348. Terdjumei Telemaque. Traduction turque de Télémaque, Ire partie. *Constantinople*, 1279, in-12, cart.

349. Molière. — Le Mariage forcé. — Georges Dandin, trad. en turc.—Le Misanthrope, trad en vers persans, 3 vol. in-8.

350. Incha djedid. Formulaire de lettres. *Constanti-*
nople, 1269, in-8, br.

351. Siahet Nameh Londra. Récit d'un voyage à Londres pendant l'exposition de 1851. *Constantinople*,
1269, in-8 br.

352. Defter Kitab-khané Raghib Pacha. Catalogue de
la Bibliothèque de Raghib Pacha (1492 numéros),
Constantinople, 1285, in-8, br.

353. Kitabkhané Damad Ibrahim Pacha. Catalogue
de la bibliothèque d'Ibrahim-Pacha dressé en 1152
Constantinople, 1289, gr. in 8, perc.

354. Tehmilet el Aber li Soubhi Bey. — Ouvrage de
numismatique orientale et grecque, avec planches,
par Soubhi Bey. *Constantinople*, 1287, in-4, demi-rel.

355. Catalogue de la collection de monnaies ottomanes,
de M. Pascal Bilekdjikdji. *Constantinople*, 1280, in-4,
br.

OUVRAGES HISTORIQUES. — CHRONIQUES DE L'EMPIRE

OTTOMAN

356. Kené el Akbar Nam Ali. — Histoire universelle
d'Ali. *Constantinople*, 1282 et suiv., 5 vol. gr. in-8,
demi-rel.

357. Généalogie des chérifs commençant à Mahomet
1 vol. in-4, autogr., cart.

358. Tadj et Tewarikh. — La couronne des chroniques
de Saad-ed-din. *Constantinople*, 2 vol. gr. in-8,
demi-rel.

359. Fezalihé Katib Tchelebi. — Biographies de Hadji-
Khalfa, en turc. *Constantinople*, 1282-87, 2 vol.
gr. in-8, demi-rel.

360. Ibn Arabschah. — Histoire de Timour ou de Tamerlan, traduit de l'arabe en turc par Nazmi Zade,
avec une préface par Ibrahim Efendi, le fondateur de
l'imprimerie à Constantinople. *Constantinople*, 1142
(1729), in-4, rel. orient.

361. Histoire de la conquête de Constantinople. *Constantinople, s. d.*, in-12, cart.

362. Tarikhi Nichandji Mehemet Pacha. — Histoire des Turcs jusqu'à sultan Suleiman Ier. *Constantinople*, 1279, in-4, cart.

363. Suleïman Nameh. — Histoire de Soliman le Grand et de ses campagnes, par Kemal-Pacha–Zadeh. *Boulaq*, 1248, in-fol., rel. orient.

364. Tarikh-i Petchevi. — Histoire des Turcs depuis Suleiman, par Petchevi. *Constantinople*, 1283, 2 vol. gr. in-8, cart.

365. Tarikhi Osmaniè.— Abrégé de l'histoire ottomane, par Ahmed Djewdet Pacha, avec la continuation de Ahmed Vefiq Pacha. *Constantinople*, in-8, cart.

366. Tarikh i Soubhi. — Histoire de Soubhy Mehemed Effendi. *Constantinople*, 1193, in-fol., cart.

367. Tarikh i Reschid Pacha. — Annales de l'empire ottoman (1071-1130), par Reschid Pacha, historiographe impérial. *Constantinople*, 1282, 6 vol. in-8, demi-v.

368. Tarikh i Djevdet. — Histoire de l'empire ottoman par Djevdet Effendi. *Constantinople*, 1270-88, 8 vol. grand in-8, reliés.

369. Kiatib Tchelebi Tarikhi Aly Osman.—Histoire des Ottomans, par Hadji Khalfa (Ali Tchelebi). *Constantinople*, 1046, in-fol., cart.

370. Tarikh i Naïma. — Annales de l'empire ottoman, comprenant les années 1000 à 1070 (1591-1659). *Constantinople*, 6 vol. in-8, reliés. La reliure n'est pas uniforme.

371. Tarikh i Ahmed Wasif Effendi. — Histoire ottomane de Ahmed Wasif Effendi. Chronique de 1166 à 1188 (A. H.). *Constantinople*, 1214, in-fol., bas.

372. Tarikh i Açim. — Histoire ottomane de Açim. *Constantinople*, 2 vol. pet. in-4, cart.

373. Tarikh Izzi Soliman Effendi. — Histoire ottomane, par Izzi. *Constantinople*, 1199, in-fol, rel. orient.

374. Tarikhi Gulchen Mârouf. — La chronique et le

parterre des sciences. *Constantinople*, 1220, 2 tom. en 1 vol. in-4, rel. orient.

375. Medjemoua Menchiât es Selathin Feridoun Bey. —La chronique des sultans par Feridoun Bey. *Boulaq*, 1271, 2 vol in-fol., rel. orient.

376 Tarikhi Sclaniki. — Histoire de Turquie, pa Mustapha Effendi. *Constantinople*, 1281, in-8.

377. Tarikhi Chany Zadi Effendi.—Chronique de Chany Zadi Effendi. *Constantinople*, 1284, 1 vol. in-8, cart.

378. Tarikh i Mendjim Bachi. — Chronique de Mendjim Bachi, traduction turque du Sahif el Akhbar. *Constantinople*, 1295, 3 vol. in-4, rel. orient.

379. Kital-Tohfet el-Kebar Kiatib Tchelebi. — Histoire des guerres maritimes des Turcs dans la Méditerranée contre les Vénitiens et autres, par Hadji-Khalfa. *Constantinople*, 1141 (1728), in-4, rel. orientale, avec cartes.

> Volume rare. Cet ouvrage renferme de très-curieux détails sur les anciennes guerres de l'empire ottoman avec les puissances maritimes de l'Occident.

380. Kheritha Qapondanan deriai. — Biographies des capitans-pachas. *Constantinople*, in-12, cart.

381. As Sefer. — Base du fondement de la victoire. Récit de la destruction des janissaires, par Mahmoud, en 1825 et 1826, par Assaad Efendi, historiographe impérial. *Constantinople*, 1243 (1828), in-4, rel. orient.

> Cet ouvrage estimé a été traduit en français, par Caussin de Perceval.

382. Histoire des khans de Crimée, trad. en turc, de Halim Guéraï. *Constantinople*, 1287, in-12, cart.

383. Abrégé de l'histoire d'Egypte, trad. de l'arabe en turc, par Bedjet Effendi. *Constantinople*, 1284, in-12, broch.

384. Suheily Effendi. Tarikh i Misr. — Histoire de l'Egypte, par Suheily Effendi. *Constantinople*, 1142 (1729), 2 tom. en 1 vol. in-4, cart.

> Très-rare. La première partie de l'ouvrage renferme l'histoire depuis l'invasion des Arabes jusqu'à la conquête, par le sultan Sélim; la deuxième partie contient l'histoire ancienne de ce pays.

385. Krusinski. — Chronique du voyageur. *Constantinople*, 1142 (1729), in-4, rel. orient.

Traduction, en turc, de l'Histoire de la conquête de la Perse par les Afghans, écrite originairement en latin par le P. Krusinski, jésuite polonais, témoin oculaire de cette révolution.
Cette traduction faite par l'auteur lui-même, pour Ibrahim Pacha, grand vizir d'Ahmed III, a été imprimée au mois de safar 1142. C'est la troisième production de l'imprimerie de Constantinople. L'original latin n'a été publié qu'en 1734.
Deux feuillets refaits à la main.

386. Histoire de Russie, traduite du français en turc. *Boulaq*, 1244, in-4, cart.

387. Roussia meharbesi Tarikhi. — Histoire de la guerre de Russie, par Rifât Pacha. *Constantinople*, 1290, 5 livrais., in-8, br.

388. Histoire de la guerre franco-allemande, avec portraits, traduit par Yankowaczi, sur une édition de Leipzig. *Constantinople*, 1288, in-8, br.

OUVRAGES ARABES

389. Le Coran. Jolie édition photogravée à Paris, d'après un très-beau manuscrit. In-18, en feuilles.

390. Miftah el Tefassir. — Concordances du Coran, en arabe. *Constantinople*, 1289, in-12, demi-v.

391. Seir ul Kebir. — Traité de théologie, en arabe, avec commentaire turc. *Constantinople*, 1241, in-fol., rel. orient.

392. Kitab el Mousemi bil'menaqeb el Haiderieh (en arabe). — Le livre des vertus du lion (d'Ali), par Ali Saïb. 1235, in-fol., bas.

393. Cherhi Qassidet el Borda. — Commentaire sur le Borda, poëme en l'honneur de Mahomet. Gr. in-8, cart.

394. Kitab el Djelaïl el Mechour bicherh Ibn Aqil. — Recueil des plus célèbres commentaires d'Ibn Aqil (en arabe). *Boulaq*, 1252, gr. in-8, cart.

395. Tarikhi Aboul Feda. — La chronique d'Aboul Feda (en arabe). *Boulaq*, 2 vol. in-4, sur papier jaune demi-rel.

396. Le Nouveau Testament en arabe. *Imprimé à Mossoul*, 1871, gr. in-8, à 2 col., demi-rel.

397. Makrisi Kitab El-Khouthath lil alamet. Histoire des dynasties égyptiennes, etc., en arabe. *Boulaq*, 1270, 2 vol. in-folio, cart. (rare).

398. Les sept Moallakat, édition européenne des sept fameux poëmes arabes. (Sans titre.) In-4, demi-v.

399. Kitabi-Medjemoua el-Bahrim. Le contenu des deux mers. — Soixante stances en arabe, par le chich Nazif el-Iazdji, el Libani. *Beyrout*, 1872, gr., in-8 demi-rel,

400. Résumé de l'histoire de l'Église, en arabe. *Beyrout*, 1874, in-8, perc.

401. Kachf el Megalthak. Le guide des égarés, en arabe. *Imprimerie catholique de Beyrout*, 1873, in-8, perc.

402. Commentaires de Kefrawi, sur la grammaire Adjaroumia. *Boulaq*, in-8, cart.

403. Tarifat Séidi. Le livre des définitions de Séidi, en arabe. In-8, lithog., cart.

404. Kitab Destour Sehen, grammaire arabe-persane, par Mirza Habib d'Ispahan, professeur au lycée de Galata Serai, *Constantinople*, 1289, in-8, broché.

OUVRAGES PERSANS

405. Le Gulistan, édition publiée par les soins de Hussein Effendi. *Boulaq*, 1261, in-8, rel. orient.

406. Le Gulistan de Sadi, les vers en ta'liq, la prose en neskhi. *Constantinople*, 1286, in-8, broché.

407. Anvari Soheily, édition lithog. à Cawnpoor en 1834, 2 vol. in-8, demi-v.

408. Code épistolaire en persan. *Imprimé à Calcutta*. 1828, in-4, mar. rouge.

409. Lot de livres imprimés en Orient. — 102 volumes et brochures, la plupart publiés à Constantinople. — Annuaires, règlements officiels, livres d'école, documents législatifs, etc.

MANUSCRITS

ARABE

410. Le Coran. 1 vol. in-4, caractères neskhi, encadrem. en rouge.

411. Le Coran. Manuscrit in-18. Les deux premiers feuillets en or et en couleur; écriture neskhi, encadrement en or. Copie de l'année 1243 (1827).

412. Le Coran. Ce manuscrit, d'une écriture neskhi des plus fines, est écrit sur papier de l'Inde. Il est de forme octogone et est destiné à être porté au bras comme talisman. Il est renfermé dans une boîte en fer-blanc. Encadr. en or, les deux premiers feuillets enluminés.

413. Fragments du Coran. Cahiers 14, 17, 19, 21, 24, 28, 29. In-fol., écriture soulout. 8 vol. reliés ensemble ou broch.

Provenant du tombeau du sultan Barqouq.

414. Recueil des prières que l'on doit réciter après avoir fait la lecture du Coran. Ecriture soulout. Encadr. en or. Reliure en cuir de Russie. Fleurons.

415. Recueil de prières. 1 vol-fol. Ecriture soulout. Mar. brun.

416. Recueil de prières et de litanies. Ecriture neskhi. Encadr. en or. 1 vol. in-12, incomplet du commenc.

417. Delaïl ul Khaïrat. — Recueil de prières et de litanies musulmanes. 1 vol. in-8. Ecriture neskhi. Titre et encadrem. en or. La copie a été faite en l'année 1183 (1769), env. mar. rouge.

418. Recueil de prières. 1 vol. in-12. Titre doré, encadr. doré, sans date. Mar. br., orn. dorés.

419. Poëme en l'honneur des versets du Coran, de l'excellence de la religion mahométane, etc. In-4, non relié.

420. Les mérites des dix premiers jours du mois de Moharrem, par le cheikh el Adjhoury. 3 cahiers in-4, non reliés.

421. Opuscule sur la dignité de Naqib oul Echraf. 1 cah.
non relié, écrit. neskhi.

Copie moderne.

422. Rissaleh du cheikh Abd oul Wehhab el Cha'rany.
1 cahier, non relié. In-4, écrit. neskhy.

423. Kitab bouchra'el Kéïb bilika el Habib, par Djélal ed
Din Souiouti. Manuscrit copié en l'an 1002. Suivi du
Futouh el Ghaïb, par l'imam Mohhaïy ed din Abd ul
Qadir. In-4, cuir brun.

424. El Habaïk fil Akhbar el Melaïk, par Djelal ed din
Es Souiouti. 1 vol. in-4. Caractères neskhi. S. d.,
mar. brun.

425. Charh es Soudour, etc., par Djélal ed din Souiouti.
1 vol. in-folio, cart.

426. Kitab oul Aqibet. Ouvrage sur la vie future, composé par le cheikh Abd oul Haq ibn Abder Rahmam,
el Ichbily. 1 vol. gr. in-4. Caractères neskhi. Copie
faite à la Mecque, en l'année 922 (1516). Mar. noir.

427. Commentaire sur les noms qualificatifs de Dieu,
par le cheikh Ahmed Soleiman. Cet ouvrage est suivi
d'un commentaire sur le même sujet, par Ghazali.
In-4, rel. demi-v.

428. El Kèbrit el Ahmat (la pierre philosophale). —
Traité sur les attributs de Dieu. 1 vol. in-4. Ecriture
neskhi. Rel. mar. rouge. Copié en l'année 1137 (1724).

429. Medjma oul Hadith el Qoudciè. — Recueil de traditions relatives à Mahomet, par Mohammed Ibn Abder
Rabman, el Ménaoui. 1 vol in-fol. Ecrit. neskhi. Rel.
mar. brun. Copie de l'année 1267 (1850).

430. Kitab Kechf oul Esrar. — Recueil de traditions et
de préceptes religieux, par Ahmed Ibn el Imàd. 1 vol.
in-4. Ce manuscrit a été copié en l'année 1237 de l'Hégire (1821).

431. Ménasik fil Mésalik. — Fatigues du pèlerinage, par
le cheikh Abou Mansour Mohammed el Kermani.
1 vol. petit in-fol., caractères neskhi, rel. en mar. br.,
dans un étui. Copie de l'année 1257 (1841).

432, El Kaouakèb ed dourriyè fid Mèh Khaïr el Berrid,
ou le poëme du Borda, composé par Nacir ed din

Abou Siri, à la louange du Prophète. 1 vol. in-fol.
Ecrit. soulout et neskhi.

Exemplaire exécuté pour le sultan Djakmak, relié en maroquin noir.

433. Le même poëme. 1 vol. in-fol. Ecrit. soulout et
neskhi, cart.

Exemplaire exécuté pour le sultan Ivad.

434. Réfutation du christianisme, par le cheikh Abdoul
Aziz Mohammed ed Démiri. 1 cahier, non rel. Ecrit.
neskhi.

435. Kitab el Edeb fi Tebligh, el Areb. — Ouvrage de morale, par le cheikh Ur Abi Iahia Ibn Zekkèria, el En-
tari. 1 vol. in-4. Ecrit. neskhi. Manuscrit copié vers
l'an 900 de l'Hégire (1494).

436. Rouh el Erouah, traité de morale par Abou Farad
Ibn Abd er Rahman el Djouzy. Le volume est incomplet vers la fin.

437. Kitab et Sèbaiat, traité de morale divisé en sept
chapitres, par l'imam Mansour el Hamadany. 1 vol. petit
in-4, cart., copie de l'année 1016 (1607), reliure dans
un étui.

438. Moukhtasar el Irchad. — Ouvrage sur la science des
traductions par l'imam En Naouâouy. 1 vol. in-8,
écriture neskhi; titre et encadrement en or, reliure
en maroquin, fleuron.

439. Kitab el Chéfa. — Recueil de traditions composé pour
le cadi Aboul Fadhet Ibn el Aïyat. 1 vol. in-8, caractères neskhi, copie de l'année 1217 (1802).

440. Recueil des traditions du Prophète. 1 vol. in-12,
écriture neskhi, copie de l'année 1067 (1656).

441. Recueil de décisions juridiques, d'après le rite hané-
fit, connu sous le nom de Fétavi 'alemguiri, 1 vol.
in-folio, belle écriture neskhi, reliure maroquin
brun.

442. Er râoudhé fil fiqh. — Traité de jurisprudence, par
l'imam En Nawawi. 1 vol. in-4, écriture neskhi, copie
de l'année 787 (1385).

443. Traité de jurisprudence, el Djévahir el modhiet (les
perles brillantes, par Abd er Réouf el Ménaouy. 1 vol.

.n-folio, écriture neskhi, copie faite en l'année 1129 (1716).

444. Achbah ou en Nézaïr par Zéin el Abidin ben Ibra-hïm Misri. — Des parties concordantes du droit en matière de jurisprudence. In-8, cuir brun.

445. Kitab el I'lan fil Fiqh. Traité de jurisprudence, par le cheikh Ahmed Ibn Abd Allah es Sanè. 1 vol. in-folio, écriture neskhi, encadrement rouge, copie de l'année 1116 (1704). Reliure en maroquin brun, dans un étui.

446. Riadh es Salihin, par le cheikh En Naouaouy. — Traité de jurisprudence religieuse basée sur les traditions. Ce traité est suivi de la vie du khalife Ali. 1 vol. in-4, maroquin brun, écriture ancienne.

447. Kitab el Ouechah fi Févaïd ul Nikah par Djélal ed din Souiouti, titre or et couleur, écriture du xvi⁰ siècle, neshki, 1 vol. in-12.

448. Ed dourer el Miskiyè, encyclopédie musulmane, par l'imam Abd er Rahman el Munchy el Sekhaouy. In-4, caractères neskhi, manuscrit copié en l'année 1097 (1685), mar. br.

449. Commentaires sur le texte de la Djaroumie, par le cheikh el Kafraouy. 1 vol. in-4, écriture neskhi; manuscrit copié en l'année 1235 (1819); mar. rouge v.

450. El Djaroumiè. — Grammaire arabe d'Abdoullah Mohammed ben Daoud el Sanhadjy. 1 vol. in-8, écriture neskhi titre orné; encadrement en or; couverture en soie.

451. Recueil de traités de grammaire et de syntaxe arabe. 3 parties en 1 vol. in-12, écriture nesta' liq; encadrement en or, rel. en maroquin brun, fil.

452. Traité sur la logique, par Abou Zeid Abd er Raham el Akhdary. 1 vol. in-4, non relié, écriture neskhi, manuscrit copié en l'année 1263 (1846).

453. Tohfet el edeb fi'l loghat. — Dictionnaire arabe et persan expliqué en turk. 1 vol petit in-4, mar. brun.

454. El iqd el ferid. — Lexicographie par Abdurrahman ben Issa el Hamdany. 1 vol. petit in-4, cartonné.

455. 1⁰ Catalogue des ouvrages de Djèlal ed din Sou-

iouty. — 2° Catalogue des ouvrages de Chehab ed din Ahmed Ibn Zein el Abidin. — 3° Catalogue des ouvrages de l'imam Ghazaly. Petit in-12, écriture neskhi. Relié en maroquin rouge, dans un étui. Copie moderne.

456. — Abrégé de l'Iahia el 'Ouloun de Abou el Ghazali. 1 vol. in-4, *s. d.*, caractères neskhi ; rel. mar. br. Copie faite en l'année 79 (698).

457. Idjazèh, ou licence délivrée en l'année 1212 (1797), au cheikh Mohammed Chakir, employé au trésor impérial, par le cheikh Ioussouf, natif de Kastémouni. 1 vol. in-12, titre et encadrement en or, écriture neskhi.

458. Kitab el Aghani. — 6 volumes manuscrits de ce célèbre ouvrage, en écriture neskhi et en écriture maghreby.

459. Zikrou Qaïs. — 1 vol. grand in-4, encadrement rouge, écriture du Maroc, *s. d.*

460. Baqièt Akhbar Ibrahim el Mehdi. — 1 vol. in-4. Ce volume est piqué des vers et mouillé. Vol. incomplet du commencement et de la fin. Ecriture neskhi. Le titre du premier chapitre porte : Akhbar el Abd er Rhaman ben el Hakim.

461. Diwan et Sébabè. — Recueil de poésies entremêlées de prose, par le cheikh Chehab ed Din Ahmed ben Hadjalè. 1 vol. in-4, écriture neskhi, *s. d.*, mar. brun.

462. Diwan et Sébabè. — Recueil de prose et de vers, par Abou abd Allah Ahmed Ibn Hadjala. 1 vol in-4, écriture neskhi. Copie faite en l'année 1151 (1738), mar. brun.

463. 1° Kitab Bouiout el 'Achra. — Recueil des poésies et des épîtres du cheikh Djémal ed din En nébatha de Hama. — 2° Kitab Riah el Djinan, par Abou Abd Allah Mohammed es Safédi el Moutétabbib. Le premier de ces manuscrits date de l'année 835 et le second de l'année 799 (1396). 1 vol in-4, titre doré, encadrement en or, écriture neskhi.

464. Histoire de Nour ed din avec son esclave Meryem. — Conte tiré des Mille et une Nuits. 4 cahiers non reliés.

465. Histoire de la Mecque, par le cheikh Qoutb ed din el Mekki. — In-4° cart.

466. Histoire de Médine, par le cheikh Zein ed din Abou Bekr. — 1 vol. petit in-4, écriture neskhi. Copie de l'année 1109 (1697). Quelques feuillets de la fin de ce volume sont maculés. Rel. demi–mar. rose.

467. Husn el Maqsad fi 'Amel el Maoulèd, par Djelal ed din es Souiouty. 1 cahier non relié.

468. Mauled En Neby. — Opuscule sur la naissance du Prophète, composé par Omar el Barzendjy de Medine. 1 vol. in-12.

469. Histoire du Prophète, de ses compagnons et des califes, jusqu'au règne de Mouktafi. — 1 vol. in-folio. Ecriture neskhi. Copie de l'année 1164 (1750).

470. Ishaf er raghibîn, ou Histoire de Mohammed et de sa famille, par le cheikh Mohammed Ibn 'Aly es Sebban. — 1 vol. in-4, écriture neskhi, manuscrit copié en l'année 1267 de l'Hégire (1850), en feuilles.

471. Kitab Cherh el Loubab. — Histoire du Prophète, de sa famille, de ses compagnons et des quatre premiers califes, par le cheikh Ahmed ben Abi Bekr el Mohaddith. Vol. in-4, écriture neskhy, dos piquè.

472. Généalogies des seiyds et des cherifs descendants du Prophète. — 1 vol. in-fol., écriture neskhy, mar. rouge, dans un étui.

473. Histoire de Ma'az, fils de Djabala, ou Récit de la mort du Prophète, non relié.

474. Histoire des Califes Abou Bekr et Omar.—Ouvrage divisé en trois chapitres et dix sections. C'est une compilation d'ouvrages anciens. Ecriture neskhy. 1 vol. in-4, demi-v., s. d.

475. Récit de la mort de Houçeïn fils d'Ali. 1 vol. in-12, écriture neskhi relié, en papier.

476. Histoire de Omar-ben Abd-oul'Aziz-ben Mérouan. 1 vol. in-4, caractères neskhi. Copie faite en l'année 1017 (1608), sur un manuscrit qui portait la date de 530 (1135).

477. Dourrèt-es Soulouq.—Ouvrage d'histoire et de mo-

rale, suivi d'un choix de poésies composées par Abd-es Sélam ell Haçany. 1 vol. in-folio, titre doré. Encadrement en rouge, écriture du Maghreb, reliure en maroquin rouge, dans un étui.

478. Kitab et Tarikh el Ouadih ou el Meskouk. — Histoire universelle. — Ce volume, d'une mauvaise écriture, est le tome VIII de cet ouvrage. 1 vol., petit in-4, mar. brun.

479. Husn el Mohadhera. — Histoire d'Egypte, par Djélal ed din Souiouti. 1 vol. in-4, écriture neskhi, reliure en maroquin rouge, copie de l'année 1118 (1706).

480. Histoire des sultans d'Egypte, commençant au règne de Mélik el Achraf et se terminant en l'année 897 (1491).

Ce manuscrit est incomplet du commencement.

481. Panégyrique de Melik Eddhahir Mahmoud Chah Bibars, par Abou Mohammed Ahmed El'Aïni, 1 vol. in-8, écriture neskhi, reliure en maroquin rouge. Ce manuscrit a été copié en 1194 (1780).

482. Histoire d'Egypte, par le cheikh Mer'yiel Hambali. 1 vol. in-12, caractères neskhi. Incomplet; cuir noir.

483. Histoire universelle d'Egypte, par Mohammed ben Aly el Ishaqy, natif de la ville de Menouf. 1 vol. in-4, caractéres neskhi, encadrement rouge. Copie de l'année 1146. (1733).

484. Histoire de la conquête de l'Egypte par le sultan Sélim, par Zeinel el Mahally. 1 vol. in-4, maroquin rouge. Manuscrit copié en l'année 1264 de l'Hégire (1847), mar. rouge.

485. Histoire de la conquête de l'Egypte par Zeinel el Mahally. Manuscrit, écriture neskhi, incomplet du commencement., rel. en papier.

486. Barièt el'Uléma er Rouat. — Appendice à l'Histoire des cadis d'Egypte, par le cheikh Mohammed es Sakhaouï. 1 vol. in-4, écriture neski, mar. noir.

487. Jusan el ouioun, par Séyid Ali el Haléby. 2 vol. in-folio, le 1er écriture neskhi de deux mains différentes, le 2e en écriture ancienne; mar.

488. Kaoukeb er Raoudhet, par Djélal ed din Souiouti.

1 vol. in-4, caractères neskhi, encadrement rouge.
Copie faite en l'année 1269 de l'Hégire (1852).

489. Recueil des règlements administratifs de l'Egypte.
1 vol. in-4, copié en l'année 1107 (1695), cartonné.

490. Mouchir el Ihzan. Récit de la mort du sultan
Osman, mis à mort en 1621, (1822) relation composée
par Osman Bey. Ecriture neskhi, vol. in-4, non relié.

491. Fetva de l'imam Chems ed din, sur les relations et
les égards que l'on peut avoir pour les chrétiens, suivi
de la copie des traités imposés aux chrétiens. 1 vol.
grand in-8, écriture neskhi, rel. en papier.

492. El chequaïq en nokmanieh. Biographie des savants
qui ont fleuri depuis le commencement de la dynastie
ottomane, par Tach Kupri Zadeh. — Ce manuscrit est
incomplet du commencement. 1 vol. in-8, non rel.

493. Recueil contenant 1° Riçalés ouaifiü, où il est traité
de l'entrée des Français en Egypte ; 2° un opuscule
à la louange du sultan. In-4, cart.

494. Raounaq el Medjalis, recueil d'anecdotes d'Oman
Ibn el Haçan el Niçaboury. 1 vol. in-8, relié en mar.
rouge, écriture neskhi. Copie de l'année 1132 de
l'Hégire (1719).

495. Recueil contenant 3 traités : 1° sur les devoirs des
princes ; 2° sur des points de religion ; 3° sur la morale.

496. Nasihat el Moulouk. Les conseils des rois. — 1 vol.
in-4, manuscrit incomplet de la fin. Anciens caractères
neskhi, mar. brun, étui.

497. Kitab el Lou' lou' el Mansour. — Recueil d'anecdotes relatives à la conduite des rois. 1 vol. in-4,
écriture neskhi, relié en maroquin brun.

498. Kechf el salsalah fi ouasf il selsaleh par Djelal
eddin es Soyouthi. Catalogue chronologique des trem-
blements de terre qui ont eu lieu dans les différents
pays de l'Orient jusqu'en l'année 905 (1499). 1 vol. in-4,
45 p. Copie moderne, mar. rouge.

499. Kitab el Aouaïl par Djelal ed din es Souiouti. 1 vol.
in-4, caractères neskhi ancien, relié en papier.

500. Recueil de dépêches et de lettres d'Abdourrahim el
Bissany, 1 vol. in-4, tome 1er, écrit. neskhi, mar. br.

Retu' 501. Copie de la lettre écrite par le général Bonaparte aux cinq directeurs de la République française, traduite en français pour Ibrahim Pacha, gouverneur général de Syrie. 1 vol. in-12.

6 ~ 502. 1 vol. in-8, renfermant des modèles d'écriture.

6 - · 503. Kharidet el adjaïb. Traité de géographie et d'histoire naturelle par Ibn el Ouerdy. 1 vol. in-4, écriture neskhi, copie de l'année 1068 (1657), mar. brun.

1 · , 504. Abrégé de géométrie. 1 vol. in-4, reliure en maroquin brun, caractères neskhi.

ReA 505. Daïret et Tharab. — Traité sur la musique, par Abd el Quader er roumi. 1 vol. in-folio, caractères neskhi., reliure en papier.

PERSAN

Manujha 506. 1° Exposé des devoirs religieux des hommes; 2° les Traditions du Prophète de Nawawi; 3° Esrar el Hadj (Mystères du pèlerinage). 1 vol. in-12. Ecriture nesta'liq. Filet en or. Ce manuscrit a été copié en l'année 1257 (1841), par Mirza Nour oullah de Boukhara.

13- , 507. Volume contenant: 1° un recueil de préceptes religieux; 2° les quarante traditions du Prophète, le guide du pèlerin à la Mekke. Ecriture nestaliq, 17 miniatures, encadr. dor., reliure en cuir. Copie de l'année 1267 (1850).

16 - „ 508. 1° Istilahati Soufiè (Recueil des expressions employées dans le langage mystique des Soufis, par Kemal ed din Ab er Rezak Kachi); 2° Evsaf ul Echraf (Traité de morale religieuse de Nour ed din Touci). 1 vol., petit in-4. Ecriture ta'liq. *S. d.*, rel. pap.

3 - „ 509. Djami Abbassi. — La Somme d'Abbas. Traité de jurisprudence. In-8, mar. vert, rel. molle.

Ce manuscrit provient de la bibliothèque de M. Jouannin.

ReA 510. Récit de la mort de Hassan, de Husseïn et de leurs compagnons. 1 vol. in-4, cartonné.

10 - „ 511. Tevarikhi Ali Osman. — Récit en vers de l'expédi-

lion de Hongrie en 933 de l'Hégire, par Hassan Djan,
plus connu sous le nom de Khodja Efendi. Frontispice
doré, écriture nestaliq, cartonné.

512. Maqamat i Hamidi. — Séances de Hamidi. Petit
in-4, mar. brun.

513. Le Gulistan de Sâdi. — Ecriture neskhi. 1 vol.
in-12, encadrement en or et en couleur, titre enluminé et doré, une miniature. Copié en 999 de l'Hégire (1590), rel. à compartiments d'or. Dans un étui.

514. Destour el Katib fi taiin el Meratib. — Manuel du
secrétaire sur l'assignation des rangs. Recueil de formules à employer pour les lettres officielles. 1 vol.
petit in-fol., relié en papier. Il manque plusieurs feuillets à la fin du manuscrit.

515. Inchaï Joussoufi. — Formulaire de lettres. Ecriture
nesta'liq. Copié en l'année 1058 de l'Hégire (1648).
In-8, mar. rose.

516. Mantiq ut tèir du cheikh Ferid ed din Attar. —
Petit in-8. Ecriture nesta'liq, *s. d.*, rel. papier.

517. Mesnevi de Djelal Eddin Roumi. — Tome I, petit
in-fol., caract. nestaliq, sans date, mar. rouge.

518. Divan, ou Recueil des œuvres poétiques de Nesimi,
de Khosrou, de Tousi, de Riazi, suivi des quatrains
de Kheyâm. Pet. in-4, caractère nestalik, frontispice en couleur, encadrements en or.

Ce manuscrit a été copié l'année 896 de l'Hégire (1490). Maroquin brun
dans un étui.

519. Recueil de poésies extraites des Divans des poètes
persans et principalement du Divan de Kélim.— 1 vol.
in-12, mar. brun. Ecriture nesta'liq. Reliure orientale.
Manuscrit incomplet du commencement et de la fin.

520. Anthologie persane, ou choix de vers des poètes
persans les plus célèbres. In-8°, mar. rouge, orn. dor.

521. Mihr ou Mochtery, poëme.— Manuscrit du XVIᵉ siècle. Frontispice enluminé, 12 miniatures, reliure
persane, maroquin brun, ornements dorés.

Composé par le cheikh Mohammed ben Ahmed Attar Tebrizi, le dix du
mois de chaouah 778 Hég. (1376). Il renferme 5120 vers d'après
Hadji Khalfa.

522. Nân ou Helvâ, par le cheikh Beha ud din, suivi de

quelques autres pièces de poésies. 1 vol. in-12. Écriture chikestè. Manuscrit copié en l'année 1263 de l'Hégire (1846), rel. pap., feuilles de coul.

523. Le Divan, ou recueil de poésies, de Khodjah Hafiz Chirâzi. 1 petit vol. in-12, écriture nestaliq. Ce manuscrit a été copié l'an 1010 (1601); rel. pap., raccommodages.

524. Recueil des poésies de Peiam et de Féda. 1 vol. in-12, rel. en pap.

525. Ioussouf et Zuleikha de Djami. — Ecriture nesta-'liq. Ce volume date de l'année 999 de l'Hégire (1590). Incomplet. Reliure détachée, 2 miniatures.

526. Recueil contenant : 1° les Ikhtiarlat aliè; 2° le Chébistani Khaïal; 3° Traité sur les énigmes; 4° Rissaléï efflaqié. 1 vol. in-12, écritures de diverses mains.

Un de ces traités a été copié en 1103 de l'Hégire (1691).

527. Behari Danieh. — Le printemps de la science. 1 vol. in-fol., mar. brun.—Ce manuscrit a été copié en l'an 1191 (1777). Il provient de la bibliothèque de M. Jouannin, auquel il avait été donné par Mirza Djafer. La copie a été exécutée dans l'Inde.

528. Conte de l'empereur de Grèce et de son fils Dilawer. 1 vol. pet. in-4, rel. pap.

TURC

529. Kitab sieri Veici. — Chronique de Veici. Vie militaire du Prophète, et exposition des miracles qu'il a opérés pour attester sa mission. In-8, mar. br.

530. Hillièï Reçoulillah, ou description physique du Prophète. Traduit en turc. 1 vol. in-8. Ecrit. nestaliq. Rel. en mar. noir.

531. Traité religieux et politique, sans nom d'auteur. 1 vol. in-4. Ecrit. neskhi. Ce manuscrit a été copié en l'année 1234 de l'Hégire (1818).

532. Titre d'une fondation pieuse au profit de la mosquée

du sultan Baïézid, de l'année 1086 de l'Hégire (1675).
1 fascicule in-8, non rel.

533. Titre d'une fondation pieuse en faveur de la mosquée d'Osman Pacha. 1 cahier in-8, non rel. Année
1086 de l'Hégire (1675), incomplet.

534. Aklaq Alay. — Traité de morale, par Aly Efendy.
Ecrit. nestaliq. 1 vol. gr. in-8, titre enluminé, rel. mar.
brun, dans un étui.

535. Létiféï Véhéby. Ouvrage de morale, en vers, par
Véhéby, Efendi Sunbul Zadeh. 1 vol. in-4. Ecriture
riqa'a. Copie moderne. Relié en papier.

536. Recueil de décisions juridiques. Ecrit. nestaliq. 1 vol.
in-4, mar. brun. Copié en l'année 1159.

537. Behdjet ul Fetawi. — Recueil de fetwas de Mohammed el Fikhi el Aïni. 1 vol. pet. in-fol., rel. en mar.
brun.

538. Mouhammediïè. Composé par le dervich Iapidji
Oglou Mohammed, et terminé l'an 913, à Angora. Ecrit
l'an 1023.

Ce livre a été lithographié à Constantinople en 1842.

539. Suleyman Namèh. — Traduction de l'ouvrage de
Ferdoussy, faite sous le règne du sultan Bayezid. 1 vol.
in-fol., écrit. neskhi, mar. brun. Ce volume est incomplet.

540. Relation d'un voyage fait en 922, par Seid Ahmed
Khataï, voyageur persan, sous le règne du sultan Suleiman, et traduit en turc, par H. Ezarfenk. 1 vol.
in-4, caract. neskhi, mar. brun.

541. Noukhbet ut Tévarikh. — Histoire universelle de
Mohammed Ibn Mohammed, secrétaire du sultan
Osman. Ecriture neskhi. 2 vol. in-4, maroq. rouge.
Chaque volume est d'une main différente.

542. Kitab ahl ve Agd, par Ali Efendi. 1 vol. pet. in-4.
Copie de l'année 1061. — Précis d'histoire universelle.
1 vol. in-8, écrit. neskhi, encadr. rouge, rel. en papier.

543. Tarikhi Ramazan Zadè. — Histoire universelle de
l'Orient, troisième partie. Volume incomplet du commencement et de la fin.

544. Histoire de l'Orient, par Gara Tcheleby Zadèh Aziz Efendy. La quatrième partie de cet ouvrage est consacrée à l'histoire ottomane. Ecrit. neskhi. In-8, enc. dor., mar. brun.

545. Histoire de Mehemmed Pacha Nichandjy, précédée d'un aperçu chronologique sur les biographies des prophètes. 1 vol. in-12, écrit. neskhi, mar. brun.

546. Histoire des sultans de la dynastie ottomane, sans nom d'auteur. Ce manuscrit est incomplet de quelques feuillets au commencement.

A la suite : Histoire des troubles de l'Égypte sous l'administration de Chérif Mehemmed Pacha. 1 vol. in-8, écriture neskhi, encadrements rouges.

Ce volume a été copié l'an 1121 de l'Hégire (1709).

547. Djihad Namei Ghazi Hassan Pacha. Histoire de Ghazi Hassan Pacha. 1 vol. in-4, caractères neskhi, encadrements rouges, mar. brun, fleurons.

548. Histoire de la dernière guerre des Russes en Perse. en Géorgie, en Circassie et en Turquie, par Khalil Fatih Efendy. Ecrit. riqa'a, encre bleue, mar. br., fil.

549. Nougheti Djihân ou Nadiréi zemân, trad. turke du Niguiáristan Rifari, par Mohammed Altiparmak. 1 vol. in-12, frontispice doré, encadrements en or, caractères neskhi, maroquin brun, fleurons, dans un étui.

550. Recueil pour l'histoire, les usages et les mœurs de l'Orient, écrit en 1254 (1838) par Ali el Hariri. 1 vol. in-4, écriture neskhi, cartonné.

551. Histoire des pachas qui ont gouverné l'Égypte depuis la conquête du sultan Selim jusqu'en l'année 1021. 1 vol. in-8, écriture neskhi, mar. br.

552. Neuvième volume de l'histoire d'Abou Mouslim. 1 vol. in-4, écriture divany, maroquin noir, incomplet du commencement et de la la fin.

553. Kanoun Namèh, règlement de la province de Bosnie, écrit par ordre de sultan Suleiman, fils de sultan Selim, l'an 973 de l'Hégire; suivi d'un fragment incomplet sur les règles d'écriture. Ecrit. nestaliq. In-8, mar. brun.

554. Rissalè, explication d'une entrevue entre sultan Ahmed et Alexandre le Grand. A la fin de cet opuscule se trouve un petit traité de médecine. 1 vol. in-12, relié en papier.

555. Tohféï Chahidi. Vocabulaire rimé persan - turc. 1 vol. in-4. Jolie écriture neskhi. Titre doré; encadrement en or. Manuscrit copié en l'année 1201 de l'Hégire (1786).

555 *bis*. Un second exemplaire, écriture neskhi, in-4, mar. br., rel. molle.

556. El Istichhadat En Nevayieh. Dictionnaire turc-oriental expliqué en turc de Constantinople. 1 vol. in-8, écrit. nestaliq. Cart., *s. d.*

557. Commentaire du vocabulaire rimé intitulé Tohfehi Chahidj, par Moustafa Effendy el Husseiny. In-8, titre et encadrement en or, écrit. neskhi, mar. brun. Copie de l'année 1163.

558. Dictionnaire turc-oriental pour servir à l'intelligence des ouvrages de Mir Aly Chir Névaï. 1 vol. in-8.

559. 1 vol. renfermant: 1° un vocabulaire turc-oriental, expliqué en turc et connu sous le nom de Apouchka; 2° Tadj ul Méani, composé par Mirza Abd Allah Turkestani. (Vocabulaire rimé expliquant les mots turcs en persan.) Caractère neskhi; petit in-4, mar. rouge. Ce manuscrit a été copié en l'année 1269 de l'Hégire (1852).

560. Nefaïs ul Medjalis de Mir Ali Chir Nevaï. — Recueil des poésies de sultan Hussein Mirza Baïqara. — Des extraits du Khamset el Mutehaiirin de Mir Ali Chir. Il manque plusieurs feuillets. Le tout en un vol. in-4, mar. brun.

561. 1° Kitabi 'onsor arba' (les Quatre éléments), poëme persan; 2° Makzan ul Esrar (Trésor des secrets), en texte oriental, de Nuvaï, c'est-à-dire de Mir Ali Chir. Petit in-12.

562. Divani Chahy. — Recueil des poésies de Chahy, en turc djagatay. A la suite de ce Divan se trouve un opuscule composé en l'honneur de sultan Baber. Ecriture nestaliq. 1 vol. in-8, rel. orient.

563. Divâni Fitnet. — Recueil des poésies de Fitnet Khanoum. 1 vol. in-4, écriture ta'liq, encadrement rouge, rel. en pap., *s. d.*

564. Gharaïl ut Sighr. — Divani Nevay. — Recueil des poésies de Nevay (Mir Ali Chir), en turc oriental, caract. nestaliq, *s. d.*, encad. en or, rel. en soie, in-8.

565. Ioussouf et Zuleïkha. — Poëme turc par Hamdy. — Ce volume a été copié en l'année 1222 de l'Hégire (1807).

566. Incha. — Recueil de formules, de lettres et de dépêches. 1 vol. in-fol. oblong, mar. brun.

567. Incha. — Recueil de formules de lettres, écriture divâni. 1 vol. in-4. — Ce manuscrit a été copié en 1073 (1662). Il provient de la bibliothèque de M. Marcel.

568. Incha. — Recueil de lettres turques. 1 vol. in-4, écriture riqa, *s. d.*, demi-rel.

569. Recueil des lettres écrites par Ghany Zadèh Efendy. Écriture nestalik, encadrements en or. 1 vol. in-12, demi-rel. orient.

570. Recueil de lettres suivies d'un traité d'arithmétique, écrit. divany, en feuilles, in-fol.

571. Tezkiret er roumat. — Biographie des archers célèbres, par Abd Allah Efendi, kiatib de la mosquée de la sultane Validé, 1 vol. in-8, caract. neskhi, frontispice doré et enluminé, encadr. rouges, rel. en mar. brun. — Ce manuscrit a été copié l'an 1099 (1684),

572. Histoire de Djemal ed din, composée par Moustafa Nouri, sous le règne du sultan Bayezid, l'an 910. Suivi de : Hymnes composées par Adbelahad Efendi Nouri Sivasy (Moustafa Nouri) et poésies sur toutes les lettres de l'alphabet.

573. Traité de médecine et de pharmacopée, par Abou Bekr Nousret Efendy, écrit. neskhi, encadr. en rouge, 1 vol. in-8, mar. brun.

1099. — Paris. Imp. LALOUX fils et GUILLOT, 7, rue des Canettes.